中国法律服务市场对外开放机制研究

杨立民 著

ZHONGGUO FALÜ FUWU SHICHANG
DUIWAI KAIFANG JIZHI YANJIU

中国政法大学出版社

2021·北京

声　　明	1. 版权所有，侵权必究。
	2. 如有缺页、倒装问题，由出版社负责退换。

图书在版编目（CIP）数据

中国法律服务市场对外开放机制研究/杨立民著.—北京：中国政法大学出版社，2021.1
ISBN 978-7-5620-6123-6

Ⅰ.①中… Ⅱ.①杨… Ⅲ.①法律－工作－研究－中国 Ⅳ.①D92

中国版本图书馆 CIP 数据核字(2020)第 271109 号

出版者	中国政法大学出版社
地　　址	北京市海淀区西土城路 25 号
邮寄地址	北京 100088 信箱 8034 分箱　邮编 100088
网　　址	http://www.cuplpress.com（网络实名：中国政法大学出版社）
电　　话	010-58908285(总编室) 58908433（编辑部）58908334(邮购部)
承　　印	固安华明印业有限公司
开　　本	880mm×1230mm　1/32
印　　张	7.125
字　　数	166 千字
版　　次	2021 年 1 月第 1 版
印　　次	2021 年 1 月第 1 次印刷
定　　价	35.00 元

国家社科基金 2018 年度青年项目"网络环境下律师庭外言行的边界与规范问题研究"【18CFX038】的阶段性成果

前言 PREFACE

近年来，虽然多边贸易体制发展缓慢，但是区域贸易发展迅猛，法律服务的跨国流动日益频繁。当前我国正处于深化改革和扩大开放的关键时刻，对外开放型经济新体制在构建当中，国际法律合作日益频繁。尤其是随着中国"一带一路"倡议的不断推进、自贸区建设的持续完善、自贸协定的蓬勃开展，涉外法律服务的需求日益增大。因此，2016年5月20日，中央全面深化改革领导小组第二十四次会议通过了《关于发展涉外法律服务业的意见》，并于2016年12月30日经司法部、外交部、商务部、国务院法制办公室联合印发。这份纲领性文件，为新形势下中国涉外法律工作提供了行动指南，也为中国涉外法律服务业的发展指明了方向。在对等和互惠原则下，涉外法律服务业的发展与法律服务市场的对外开放是紧密相连的，所以，在关注发展涉外法律服务业的同时，也需要对我国法律服务市场的开放问题进行研究。

法律服务贸易的发展，是经济全球化和贸易自由化的必然结果。但是，法律服务业比较特殊，它不仅具有经济性、社会性的特征，还具有显著的专业性、公正性、政治性、地域性特征，这是它迥异于其他服务业的地方。由于法律服务业具有这些特殊属性，它的自由化和全球化在很大程度上会对一个国家的主权、政治、社会等带来挑战。因此，各个国家和地区在法律服务的对外开放方面都持谨慎态度,"乌拉圭回合谈判"中世界贸易组织(WTO)各成员方就法律服务贸易作出具体承诺的不足1/3。近年来,为了满足全球客户日益增长的服务需求,越来越多的律师事务所采取国际化的发展战略,在全球范围内进行战略布局。

中国作为世界第二大经济体,其涉外法律服务市场的准入问题一直受到各方的关注。改革开放以来,中国一直以积极的姿态融入国际经贸体系中,法律服务市场随着经济全球化的发展和改革开放的需要而逐步对外开放。在加入WTO之后,中国法律服务市场的对外开放机制得到了健全和完善,涉外法律服务业也得到了长足发展。但是即便如此,近年来国内外围绕中国涉外法律服务市场的准入和监管产生了一系列的争议和批评。究其实质,这反映了一种话语和知识上的霸权主义,因为中国在法律服务市场开放方面已经较为全面地实现了入世承诺。况且,外国律师业在华的布局多为一种经济理性选择和战略选择。在中国法律服务业尚不够完善成熟的情况下,中国应坚持自主、对等的开放原则,稳步有序地推进涉外法律服务市场准入门槛的降低。

中国近代律师业的产生和发展带有显著的国家干预性,国家与律师职业之间存在着一种微妙的互动关系。律师制度的存废兴衰很大程度上取决于它在国家治理体系所扮演的角色以及国家权力对它的功能定位。1949年以后的30年间,律师制度在我国一度被废除。从1979年恢复重建到2019年底,现代意义上的律师制度在我国也已经走过了40年的历程。概览其变迁历程,中国律师业呈现以下发展特点:一是律师制度的曲折发展,二是律师队伍的快速成长,三是律师业的多元化、规模化、专业化发展。中国涉外律师业的发展也带有显著的国家建构性,从中央到地方进行了一系列的发展规划和整体布局。目前，我国涉外律师业"走出去"的模式包括在境外设立分支机构、建立跨境联盟等，主要从事非诉讼类涉外法律业务。

一国律师业的实力状况决定了它的法律服务市场的对外开放程度。改革开放40余年来，中国律师业得到了迅速的发展，但是现实中存在的一些客观问题也不容回避，它们很大程度上成为中国律师业国际化进程中的"绊脚石"。这些问题主要有律师资源不足和分布不均、律师规模小和创收差、法律人才质量不佳等。从比较的视角来看，自改革开放至今，中国律师事务所只有40年的发展历史，而一些大型国际律师事务所有上百年甚至几百年的历史，它们在国际法律服务市场上深耕多年，实力强大。中国律师事务所在总体上还是与一些国际知名律师事务所存在着很大的差距，竞争力仍然不够。

在全球经济不断融合的背景下，法律服务贸易自由化趋势日益明显。改革开放以来，中国一直以积极的姿态融入国际经贸体系中，法律服务市场也随着经济全球化的发展和改革开放的需要而逐步地对外开放。加入WTO以后，中国一直在为法律服务市场的更大开放作出自己的努力，不仅积极制定相关政策法规，履行了入世承诺；还在实践中不断探索，尝试新模式，积累新经验。尽管相对于美国、英国、澳大利亚等国家和地区，我国内地法律服务市场对外开放的程度尚有差距。但是，相比WTO大多数的成员方，中国法律服务市场对外开放的时间是及时的，开放的力度和进度也走在了前列。

中国经济的快速发展态势和不断扩大的市场需求，为法律服务业提供了广阔的发展平台和市场前景。很多外国律师事务所即使在盈利不佳的情况下，也要积极地在中国的法律服务市场进行战略布局。通过对相关数据的追踪分析，可以发现这些国家和地区的律师事务所在我国内地分布的结构特征表现为：在区域分布上，主要分布在富庶发达的东部城市，其中93%以上集聚在北京市和上海市；在律所来源国别分布上，绝大多数来自发达国家，其中接近50%来自美国，英国稳居第二；在业务布局上，主要从事非诉业务。外国律师事务所的到来，为中国法律服务市场的成长与繁荣作出了贡献，给中国律师业带来先进的知识体系、法治理念和管理经验。但是，中国涉外法律服务市场存在着一些不良现象，主要表现为其驻华代表机构的违规执业行为。究其原因，一方面可归结为驻华代表机构及代表唯利是图、违法执业隐蔽性强；另一方面也应当归结于监管的法律、法规在内容上不完善，管理体制不合理。在现行政策和标准未发生变动之前，中国的相关法律法规应该得到遵守和执行。换言之，既然有法可依，那么就要执法必严，违法必究。所以，针对外国律师事务所代表机构在中国法律服务市场中的种种规避法律规定的行为，司法行政机关应该采取必要的措施加强监管，对其进行规范。

在WTO框架下，服务业的实际开放程度决定于各成员在市场准入具体承诺表上的承诺。在《服务贸易总协定》（GATS）市场准入的具体承诺表上，法律服务在一百多个具体服务部门中排在第一位。由于法律服务业的特殊性，各国对法律服务业的开放程度各有不同，特别是在外国律师分支机构和外国律师的业务范围方面，都设置了程度不一的准入门槛。通过对这些处于不同发展阶段、不同地域文化、不同制度环境的国家和地区的涉外法律服务市场准入机制的系统研究，我们可以发现它们的法律服务市场对外开放的时间虽然各有早晚，幅度也大小不一，但是基本上都秉持循序渐进、慎重稳妥的原则，一般不会贸然过多降低或完全撤销其涉外法律服务市场的准入门槛，这主要是因为法律服务市场的对外开放不仅会对本国法律服务行业产生巨大冲击，还会对国家的主权、政治、社会等方面造成很大的影响。

竞争主体的实力问题是所有问题的根本所在，一国律师业的实力状况决定了它的法律服务市场的对外开放程度。为什么美国、英国的对外开放程度比较高？因为它们的律师事务所足够强大，不惧怕外国律师事务所的竞争。现阶段，有限度的对外开放政策，可以为中国律师业的成长和发展赢得时间和空间。但是，在经济全球化的今天，限制外国律师事务所的进入终非长久之计。中国律师业要正视自身的不足，通过行业转型升级（确立规模化、专业化、智能化的发展方向）、自我完善和提升（如提升律师队伍的整体素质和品牌质量等）等方式来实现自身的成熟和强大，缩短和减少与国际知名律师事务所之间的差距。在条件允许的情况下，要通过建立多元化的跨境联盟机制、加强涉外法律资源的整合和交流、建立外国法查明机制和司法协助机制等路径推动中国律师事务所积极地进行海外布局，在国际法律服务市场的竞争中成长壮大。

一国法律服务市场的对外开放，需要综合考虑到国情、市场需求、本土律师业的成熟度、国际经贸规则的规定等各种因素，而不能在"压力"下贸然地扩大对外开放。概览世界上具有代表性的国家和地区，无不以自主开放和对等开放为原则，审慎稳妥地开放自己的法律服务市场。所以，中国对外国律师事务所设置一定的准入门槛，是无可厚非的。中国法律市场的对外开放不可能一蹴而就，骤然大幅度降低或完全撤销涉外法律服务市场的准入门槛，不仅会对正处于成长发展期的中国律师业造成非常大的冲击，也不利于中国司法环境的健全和完善。考虑到法律服务的特殊属性、法律服务市场的发展特点、中国现行法律体制以及法律服务业的发展水平等因素，中国要在 GATS 的框架下，以稳妥审慎的姿态分阶段、分步骤、分范围地适度开放自己的法律服务市场。在长期规划中，可以将自由贸易试验区作为"先试先行"的示范区，在实践中不断探索中国法律服务市场该如何对外开放，研判扩大开放法律服务市场可能对中国律师行业带来什么样的影响。比如，可以对外国律师在华从业的身份进行分类管理，以"正面清单"和"负面清单"相结合的方式逐步放开业务限制。又如，其他国家和地区的"双轨制"对外开放模式值得借鉴，中国可以在自由贸易试验区以及与其他国家签订的自贸协定范围内，适当地降低法律服务市场的准入门槛。

目录
CONTENTS

第一章 法律服务的特性及其全球流动情况 ……001
第一节 法律服务的特性 ……001
一、法律服务的专业性 ……001
二、法律服务的公正性 ……002
三、法律服务的地域性 ……002
四、法律服务的政治性 ……004
五、法律服务的社会性和经济性 ……005
第二节 全球法律服务市场的发展状况 ……006
一、WTO框架下的法律服务贸易准入机制 ……006
二、全球法律服务市场概况 ……008
第三节 中国涉外法律服务市场准入政策的争议：话语与知识 ……010

第二章 中国律师业的发展变迁及涉外法律服务的现状 ……016
第一节 国家主义视角下中国律师职业的建构与演进 ……016
第二节 中国律师业的发展状况及特点 ……019

一、律师制度的曲折发展 ································· 019
　　二、律师队伍的快速成长 ································· 021
　　三、律师业的多元化、规模化、专业化发展 ··········· 024
　　四、律师的社会地位不断提高 ··························· 030
　第三节　中国涉外律师业的发展与布局 ··················· 030
　　一、中国涉外律师业的发展规划 ························ 031
　　二、中国涉外律师业"走出去"的模式 ················· 032
　　三、中国涉外律师业的业务布局 ························ 039
　第四节　中国律师业"走出去"面临的困境 ··············· 046
　　一、律师资源不足和分布不均 ··························· 046
　　二、律师规模小和创收差 ································· 055
　　三、涉外法律人才短缺且质量不佳 ····················· 058
　　四、国际竞争力问题——实证视角下中外律师
　　　　事务所的实力比较 ··································· 062

第三章　中国法律服务市场对外开放的历程与现状 ······ 076
　第一节　中国法律服务市场对外开放的历程 ············· 076
　　一、"入世"前中国法律服务市场对外开放状况 ······ 076
　　二、中国为实现"入世"承诺所做出的努力 ··········· 078
　　三、中国为进一步对外开放法律服务市场做出的尝试 ··· 081
　第二节　外国律师事务所在华分布的结构特征 ·········· 083
　　一、区域分布 ·· 083
　　二、国别特征 ·· 085
　　三、业务布局 ·· 087

第三节　中国涉外法律服务市场存在的问题及原因 ………… 089
  一、存在的问题 ……………………………………………… 090
  二、原因分析 ………………………………………………… 094
  三、实证调研：中外态度 …………………………………… 096
第四节　中国涉外法律服务市场准入政策是否有违GATS
　　　　的规定？ …………………………………………… 099

第四章　涉外法律服务市场准入机制的域外镜鉴 ………… 102
第一节　发达国家和地区 ………………………………………… 102
  一、美国 ……………………………………………………… 102
  二、加拿大 …………………………………………………… 113
  三、欧盟 ……………………………………………………… 114
  四、英国 ……………………………………………………… 117
  五、德国 ……………………………………………………… 120
  六、法国 ……………………………………………………… 122
  七、日本 ……………………………………………………… 124
  八、韩国 ……………………………………………………… 129
  九、新加坡 …………………………………………………… 131
第二节　发展中国家和地区 ……………………………………… 133
  一、俄罗斯 …………………………………………………… 133
  二、印度 ……………………………………………………… 135
  三、巴西 ……………………………………………………… 136
  四、土耳其 …………………………………………………… 137
  五、埃及 ……………………………………………………… 138
  六、沙特阿拉伯 ……………………………………………… 139

七、哈萨克斯坦 ……………………………………… 140
八、乌克兰 …………………………………………… 140
九、白俄罗斯 ………………………………………… 141
十、东南亚五国 ……………………………………… 142

第五章 中国律师业的发展与"走出去"路径 …………… 146
第一节 中国律师业的转型升级 ……………………… 146
一、规模化的发展方向 ……………………………… 147
二、专业化的发展方向 ……………………………… 148
三、智能化的发展方向 ……………………………… 149
第二节 中国律师业的自我提升和完善 ……………… 167
一、提高中国律师队伍的整体素质 ………………… 168
二、提高中国律师业的品牌质量 …………………… 171
第三节 中国律师业"走出去"的路径选择 …………… 172
一、建立多元化的跨境联盟机制 …………………… 173
二、推动涉外法律资源的整合和交流 ……………… 175
三、建立外国法查明机制和司法协助机制 ………… 176

第六章 中国涉外法律服务市场的规范机制和准入标准重构 ……………………………………………… 177
第一节 中国涉外法律服务市场的规范与监管 ……… 177
一、建立二元监督管理体系 ………………………… 178
二、调整完善相关法律法规 ………………………… 182
第二节 重新审视中国涉外法律服务市场的准入标准 …… 184
准入门槛过高吗？ …………………………………… 184

第三节　未来进一步开放中国涉外法律服务市场的
　　　　　规划设想 …………………………………… 185
　　一、外国律师在华从业的身份设计 ……………… 186
　　二、有步骤地放开外国律师事务所的准入限制 ………… 189
　　三、以"正面清单"和"负面清单"相结合的方式
　　　　放开业务限制 …………………………………… 189
　　四、在自贸区"先试先行" ………………………… 191

结　语 ……………………………………………………… 192

附录一　全球综合排名前 100 的律师事务所情况
　　　　（2014 年、2015 年） ……………………… 194

附录二　中国综合排名前 35 的律师事务所情况
　　　　（2015 年） ………………………………… 204

后　记 ……………………………………………………… 207

第一章 CHAPTER 1
法律服务的特性及其全球流动情况

第一节 法律服务的特性

一、法律服务的专业性

法律服务是一个具有高度专业性的行业,它对从业人员的教育背景和执业资质都有一定的要求。根据我国《中华人民共和国律师法》(以下简称《律师法》)、《国家统一法律职业资格考试实施办法》的相关规定,申请成为执业律师须先通过国家法律职业资格考试,而参加该考试的先决条件之一是须有法学类的教育背景。美国、英国、法国、德国、加拿大、澳大利亚、日本、韩国、新加坡、俄罗斯、印度、巴西、印度尼西亚、马来西亚等国家和地区也都有类似规定,一般都要求申请者需要有一定的法学教育背景,取得法学专业的学历,通过国家统一组织或授权有关部门组织的资格考试。比如在美国,申请者如果想取得律师执业资格,必须满足两项条件:第一,在取得学士学位以上的非法学专业学位后,进入法学院校接受为期3年左右的法学教育,取得法律博士(Juris Doctor)学位;第二,获得法律博士学位后,参加各州举办的律师资格考试,通过该项考试和品行考察。只有满足以上两项条件,才能获取该州的律师执业资格。[1]

二、法律服务的公正性

现代律师职业从萌生之初发展到现在，一直纠缠于一个根本性问题：律师到底是为了法律的正确实施而帮助当事人，还是为了帮助当事人而从事法律工作？这涉及律师的角色身份和职守属性的界定问题。欧美日等法治发达国家和地区的做法是，赋予律师以综合角色和身份，他们不仅是客户利益的代言人，也承担着作为类似"法庭官员"的司法角色。[2]我国现行《律师法》也采用了这种模式，该法第2条第2款明确规定了律师三种角色和职能：作为客户的代理人，要维护当事人合法权益；作为司法角色，要维护法律的正确实施；作为公益载体，要维护社会公平和正义。[3]公平正义是法律的价值取向，是民商法、诉讼法、行政法、国际法等部门法的基本原则。[4]法律服务的主要内容之一是依据法律规则解决社会纠纷，这就要求法律服务要具有高度的公正性。当律师代理客户参与到诉讼纠纷中时，他们不仅要依法维护自己客户的合法权益，还在很大程度上要承担起维护社会公平正义的使命。

三、法律服务的地域性

法律服务是一项为社会人提供各种法律咨询、法律代理等

---

[1] 参见青锋编著：《美国律师制度》，中国法制出版社1995年版，第39~49页。
[2] 参见兰荣杰："刑辩律师维护当事人利益的行为界限"，载《交大法学》2018年第2期。
[3] 参见季卫东："律师的重新定位与职业伦理"，载《中国律师》2008年第1期。
[4] 参见李步云、李明："公平正义对法律监督的价值导向作用"，载《甘肃社会科学》2005年第5期；参见刘冰："通过法律实现公平正义"，载《学习与探索》2007年第3期。

服务的活动，因此法律服务通常与服务提供者和消费者所在地的政治、经济、文化、社会等方面密切相关，这与其他服务行业有很大不同。法律服务的地域性在很大程度上是由法律的地域性决定的，因为法律在本质上是一项地方性的知识。[1]

由于地理环境、历史传统、发展阶段等方面的原因，在当前世界，没有任何一部法律或一个法律体系通行于人类全体。各个国家和地区都有属于自己的法律规则，大陆法系、海洋法系、社会主义法系等法系并行于世，成文法、判例法、习惯法等规则形式不一而足。法律的地域性决定了以向人们提供法律咨询、法律代理等活动为内容的法律服务具有显著的地域性特征。不同国家和地区的法律制度往往具有不同的性质，分属不同的法系，因此在结构、术语、适用等方面都会大相径庭。对于外国律师来讲，如果对东道国或者第三国的法律制度及其适用问题不是很熟悉，那么贸然提供该国的法律服务是十分困难的。比如，在律师提供法律服务的各个环节中，绝大多数需要与当事人直接接触。语言表达通常是律师建立客户信任感，从而获得业务的最重要的方式。外国律师对东道国的社会与法律环境一般不如当地律师熟悉，其语言表达能力一般也不如本土律师，因此在与客户交谈等方面存有一定的障碍。[2]这些现象都反映了法律服务的地域性特征。

---

[1] 参见[美]克利福德·吉尔兹："地方性知识：事实与法律的比较透视"，邓正来译，载梁治平编《法律的文化解释》（增订本），生活·读书·新知三联书店1998年版，第73~171页。郭星华、黄家亮："社会学视野下法律的现代性与地方性"，载《中国人民大学学报》2007年第5期。

[2] 参见孙南申：《中国对外服务贸易法律制度研究》，法律出版社2000年版，第189页。

四、法律服务的政治性

法律是对一个国家的政治、经济、社会、文化等各个领域进行规范和调整的强制性规则，涉及国家的国体、政体、公民权利义务等基本事项，法律的实施不可避免地会涉及这些内容。在当前世界范围内，律师是法律服务的主要提供者，律师服务与政治存在着千丝万缕的关系，直接关系到国家和社会的公共利益。在很多国家和地区，律师制度被确定为司法制度的重要组成部分，律师也被赋予某种"司法"属性。

从职业与政治的角度来讲，在所有的职业中，法律职业是最接近现代社会权力运作的职业之一，律师提供法律服务的过程便构成了其参与权力运行的基础。[1]律师职业的某些特点，使它的从业者在参与政治运作方面具有天然的优势。[2]在韦伯看来，律师比医生、商人、工人等更有条件成为职业政治家。[3]律师职业这种天然的政治性和社会性[4]，使他们在公共事务中经常扮演意见领袖的角色，成为推动政治社会变革最活跃的力量之一。[5]在很多国家和地区，政治人物大都有法学教育背景，这是其他服务行业的从业人员所不具备的。比如，

---

[1] 参见[美]迪特里希·鲁施迈耶：《律师与社会：美德两国法律职业比较研究》，于霄译，上海三联书店2014年版，第68页。

[2] 参见孙笑侠等：《法律人之治——法律职业的中国思考》，中国政法大学出版社2005年版，第323~329页。

[3] 参见[德]马克斯·韦伯：《学术与政治》，冯克利译，生活·读书·新知三联书店1998年版，第63~67页。

[4] 参见宋远升：《律师论》，中国政法大学出版社2014年版，第83~98页，第111~119页。

[5] 有学者也从实证的角度指出，在民主国家，法律人因其技术优势而易于从政，成为国家领导人。他们在同等条件下更能维护政局稳定，但是在推动经济发展和腐败治理等方面，并不具有当然优势。参见程金华："法律人从政：合理性分析及其验证"，载《中外法学》2013年第1期。

美国建国时签署《独立宣言》的 52 人中,有 25 人为律师;参加制宪会议的 55 名代表中,有 31 人为律师。[1]美国历史上 43 位总统中,有 25 位总统都是律师出身;66 位国务卿中,有 48 位是律师;参议院中 2/3 的议席和众议院 50% 以上的席位,由全美律师协会的会员占据。[2]

总之,法律服务这种天然的政治属性,决定了它与银行、保险、会计、信息、旅游等其他服务行业存在显著的区别。基于此,绝大部分国家在律师服务市场的对外开放问题上,都持有一种异常谨慎的态度。即便有所开放,对外国律师的执业活动也采取了比较严格的监管措施,禁止或限制外国律师涉足那些政治性较强的服务,如刑事诉讼代理。

五、法律服务的社会性和经济性

从社会分层的角度来看,律师拥有一定的知识资本(法律知识体系)和职业声望资本(执业资格证书),经济收入也相对稳定,因此大致处于社会的中间阶层。律师行业普遍流行着一种自我精英意识,这不仅表现为办公环境的高档化和穿着打扮的商业化,还表现为对法律职业的自我优越感。无论是诉讼律师,还是商业律师,或是公益律师,大都将自己定位为法律职业精英,甚至是社会精英。虽然中国律师的社会地位和经济收入比不上欧美国家的同行,但是这种自我精英意识已经开始盛行,深圳那位女律师在微信上的高调炫富行为,即可理解为一

---

[1] 参见卫磊:《法律行动的实践逻辑》,上海社会科学院出版社 2011 年版,第 51 页。

[2] 参见刘桂明:"浅谈美国律师制度",载《民主与法制时报》2016 年 1 月 17 日第 8 期,第 12 版。

种自我精英意识的极端表现。[1]

"卫士"形象只是律师的一个面相，他们执业过程中往往还扮演着另外一个角色——"商人"。大多数情况下，律师兼具"卫士"和"商人"的双重面相，并经常根据业务需要进行角色转换。[2]实际上，律师是经济上的"理性人"，他们所追求的职业成就主要表现为经济上的成功，只在特殊情况下才是"政治或者声誉上的回报"。[3]除了一些公益性的法律活动外，大部分的法律服务是以创造经济价值为目的的，这与金融、会计、旅游等其他服务业是相同的。在当前，法律服务业是各个国家和地区经济发展的重要组成部分，也是跨国贸易流动的重要内容。

总之，法律服务的这些特性，决定了它与其他服务贸易存在着很大不同。由于它的自由化和全球化在很大程度上会对一个国家的主权、政治、社会等方面带来挑战，所以大部分国家在法律服务市场对外开放的问题上都持有审慎的态度，基本上都设置一定的准入门槛，严格规制外国律师在本国的执业活动。

第二节　全球法律服务市场的发展状况

一、WTO框架下的法律服务贸易准入机制

法律服务贸易的发展，是经济全球化和贸易自由化的必然

---

[1] 参见"自称喜欢温润如玉'小鲜肉'，'戏精'女律师炫富火遍网络"，载http://news.youth.cn/sh/201801/t20180110_11268570.htm，最后访问时间：2020年9月19日。

[2] 参见［美］玛丽·安·格伦顿：《法律人统治下的国度——法律职业危机如何改变美国社会》，沈国琴、胡鸿雁译，中国政法大学出版社2010年版，第62~64页、第78页。

[3] 程金华："中国律师择业理性分析——以业务收费为核心的实证研究"，载《法学》2012年第11期。

结果。GATS 第一次将 GATT 的一般原则扩展到法律服务贸易领域，确定了法律服务贸易逐步自由化的基本宗旨。GATS 对市场准入进了规定，要求各成员方通过谈判打破承诺部门的市场准入方面的限制，逐步实现服务贸易的自由化。[1]换言之，各成员方对本国家和地区法律服务市场的开放程度，对进入本国和本地区市场的外国服务及服务提供者是否给予国民待遇，取决于它们在加入 WTO 时所作出的承诺内容。[2]

鉴于法律服务的特殊性，在"乌拉圭回合谈判"中，各成员方在这个议题上都持有异常谨慎的态度，最终作出具体承诺的不足 1/3。具体而言，有 45 个成员方作出了承诺，2 个同意加入的成员方也提出了法律服务承诺表，其中，22 个成员方在咨询东道国法律上（19 个在出庭上）作出承诺，41 个在咨询国际法上（20 个在出庭上）作出承诺，40 个在咨询母国法上（20 个在出庭上）作出承诺，4 个在咨询第三国法和 6 个在其他法律服务上（包括提供法律文件和证明服务和其他咨询和信息服务）作出承诺。[3]美国、加拿大、欧盟各成员国、日本、瑞典、新西兰等 27 个发达国家不同程度地提出了对外开放其法律服务市场的承诺表，而在 82 个提出服务贸易市场准入承诺的发展中国家中，仅阿根廷、捷克、马来西亚等 21 个国家对法律服务作出了不同程度的承诺。这些国家就法律服务的跨境交付、境外消费、

---

[1] 参见杨立民："中国涉外法律服务准入机制的争议、现状与比较"，载《上海对外经贸大学学报》2018 年第 3 期。

[2] 参见李仁真："WTO 与中国法律服务市场的对外开放"，载《中国司法》2004 年第 11 期。

[3] 参见周忠海、谢海霞："中国开放法律服务市场有关问题之探讨"，载《政法论坛》2002 年第 1 期。

商业存在、自然人流动等四种方式所作承诺的情况如下[1]：

表1　27个发达国家对法律服务业的承诺情况

开放方式/提供方式	跨境提供	境外消费	商业存在	自然人存在
承诺开放	64%	79%	14%	0
设置限制	29%	14%	57%	100%
不作承诺	7%	7%	29%	0

表2　21个发展中国家对法律服务业的承诺情况

开放方式/提供方式	跨境提供	境外消费	商业存在	自然人存在
承诺开放	76%	86%	38%	14%
限制开放	5%	5%	48%	62%
未作承诺	19%	9%	14%	24%

二、全球法律服务市场概况

近年来，为了满足全球客户日益增长的服务需求，越来越多的律师事务所采取国际化的发展战略。由于跨国法律服务的需求主要来自于进行跨境贸易和投资的企业和组织，所以国际法和商事法是国际法律服务业最为倚重的两个法律专业。在过去的几十年里，全球法律服务贸易除了在一些传统业务领域（如企业重组、跨境并购、金融投资、知识产权、企业竞争等）继续保持稳定而持续的增长外，还在一些新的业务领域（如网络技术、电子商务、新金融工具等）呈现快速发展态势。并且，网络信息技术和人工智能技术的发展，为法律服务贸易的跨境

---

[1] 参见蔡唱："中外法律服务承诺比较研究"，载《湖南商学院学报》2003年第6期。

流动创造了更有效、更容易实现的方式。

在全球法律服务市场中,绝大部分市场份额被国际顶级律师事务所占据,它们主要来自欧美发达国家和地区。比如,2018年,全球法律服务市场总收入为6687亿美元,共有720万法律从业人员。2014年至2018年全球法律服务市场复合年增长率为3.4%,市场体量的复合年增长率为3.7%。[1]下面,我们通过表格的形式来展现2018年一些国家和地区在法律服务市场的发展状况。[2]

表3

国家/地区	总收入（亿美元）	2014年~2018年总收入年复合增长率（%）	2014年~2018年市场规模年复合增长率（%）	从业人数（万人）
美国	3140	3	0.3	128.44
欧洲	1693	2.6	2.1	120
英国	464	3.8	3.4	21.17
法国	301	4.1	2.7	6.7
德国	257	1.6	0.3	16.47
瑞典	14	6.8	7.8	7.4
亚太地区	1033	5.9	4.8	260
澳大利亚	158	0.9%	4.7%	7.97

[1] See "*Global Legal Services*",载https://store.marketline.com/report/ohmf6422——global-legal-services-5/. 最后访问时间：2020年9月19日。

[2] See "*Legal Services in the United States/Europe/United Kingdom/France/Germany/Sweden/Asia-Pacific/Australia/Japan*",载https://store.marketline.com/search/?s=legal%20service&paged=1&per_page=15&sort_by=&min_price=0&max_price=30000&request_path=search&facet_price_range=&action=solr_search. 最后访问时间：2020年9月19日。

续表

国家/地区	总收入（亿美元）	2014年~2018年总收入年复合增长率（%）	2014年~2018年市场规模年复合增长率（%）	从业人数（万人）
日本	34	0.7	3.3	3.99

由这个表格可以看出，美国是世界上最大的法律服务市场，占全球收入的47%，而且大型国际律师事务所大多来自于美国。排序其后的欧洲和亚太地区相加起来，与美国的规模相比，还有很大差距。通过数据可以看出，欧洲的法律服务市场主要由英国、德国和法国推动。由于缺乏数据，在此没有展示中国法律服务市场的相关情况。

律师事务所的全球布局一般建立在客户的需求之上，它们需要在当地拥有一个庞大的国际化的客户群，并且认为十分有必要维护这些客户的利益。对这些国际化的律师事务所来讲，开展跨国业务所带来的利润率或许远低于从传统法律市场中获取的收益，但这是从事此类业务必须承担的支出，这是一种全球化背景下的战略布局。所以，能够从事国际法律服务提供的律师事务所大多是实力雄厚的知名律师事务所，没有一定的规模和实力是没有条件在全球法律服务市场进行布局的。

第三节　中国涉外法律服务市场准入政策的争议：话语与知识

法律服务业是一项特殊的服务行业，具有深刻的主权性、政治性、社会性、专业性、地域性，这是它有别于金融、会计、电子商务等其他服务业的地方。而且，法律服务市场的开放不仅是服务贸易自由化的一部分，也是法律全球化和职业全球化的一个方面，涉及法律服务的全球性结构趋同和本地文化内涵的再生成等问题。[1]因此，各个国家和地区在法律服务市场的对外开放方面无不坚持"自主开放"和"对等开放"的原则，以稳妥审慎的姿态循序渐进地开放其法律服务市场，大都对外国律师在其本土的从业形式和可涉足领域作了不同程度的限制。

中国作为世界第二大经济体，其法律服务市场的准入问题一直受到各方的关注。改革开放以来，中国一直以积极的姿态融入国际经贸体系中，法律服务市场随着经济全球化的发展和改革开放的需要而逐步对外开放。在加入WTO之后，中国法律服务市场的对外开放机制得到了健全和完善，涉外法律服务业也得到了长足发展。但是即便如此，中国法律服务市场开放机制还是不断受到指责和批评。

作为一个深具潜力的新兴市场，中国在改革开放之初便对外国法律服务机构有着很大的吸引力。但是，国外对中国法律服务市场开放政策多持指摘的态度，认为中国法律服务市场的准入门槛和税收太高，对外国服务机构的监管过于严格。[2]还有人指责中国过度保护本土行业，未实现入世承诺，并认为中国法律服务机构缺乏独立自主性。[3]美国USCBC（U.S.-China Business Council，美中贸易全国委员会）在2013年的一份报告中指责中国的法律服务市场的准入门槛太高，设置的障碍太多，

---

[1] 参见刘思达：《割据的逻辑：中国法律服务市场的生态分析》，上海三联书店2011年版，第108~111页。

[2] See Andrew Godwin, "Professional Tug of War: The Regulation of Foreign Lawyers in China, Business Scope Issues and Some Suggestions for Reform", *Melbourne University Law Review*, Vol. 33, No. 1, 2009, pp. 132-162. Mark A. Cohen, "International Law Firms in China: Market Access and Ethical Risks", *Fordham Law Review*, Vol. 80, No. 6, 2612, pp. 2569-2575.

[3] See Jane J. Heller, "China's New Foreign Law Firm Regulations: A Step in the Wrong Direction", *Pacific Rim Law and Policy*, Vol. 12, No. 3, 2003, pp. 751-780.

没有根据 WTO 规则的要求实现完全的对外开放。[1]总体上，国外对中国法律服务市场的直接研究不多，已有研究则是批评多于肯定，未站在客观的立场上提出切实可行的意见和建议。

问题是，中国法律服务市场真如他们批评的那样不够开放吗？中国在开放法律服务市场方面真的没有实现入世承诺吗？答案是否定的。有外国学者通过对 1992 年~2012 年间外国律师事务所在华开办分支机构状况的分析，指出法律制度的可预期性和政策标准的长期稳定性，吸引了大量外国律师事务所来华长期驻留。[2]

法国思想家米歇尔·福柯通过一系列的研究，提出了"话语即权力"的论断。话语不仅是思维符号和交流工具，也是一种目的和手段。话语既可以是权力的工具，也可以是权力的结果，它能够产生、传递、强化权力，直接体现对权力的认识和思想。[3]在国际交往中，话语权是一个国家实力的象征，体现了一国在国际社会权力结构中的地位和影响力。[4]工业革命以来，以英美为代表的发达国家成为国际事务的主导者和决定者，它们是国际行为规范的制定者，也是全球化进程的主要推动者。当前的国际法规范和国际经贸规则大都是在欧美发达国家的话语体系下构建的，它们掌握了相关话题的选择、设定、走向、

---

[1] See US-China Business Council, "Legal Market Access Issues in China". 2013.

[2] Rachel E. Stern and Su Li, "The Outpost Office: How International Law Firms Approach the China Market", *Law & Social Inquiry*, Vol. 41, No. 1, 2016, pp. 184-211.

[3] 参见［法］米歇尔·福柯：《性史》（第一、二卷），张廷琛、林莉、范千红等译，上海科学技术文献出版社 1989 年版，第 98~99 页。［法］米歇尔·福柯：《知识考古学》，谢强、马月译，生活·读书·新知三联书店 2003 年版，第 53~54 页，第 59 页。

[4] 参见陈正良、周婕、李包庚："国际话语权本质析论——兼论中国在提升国际话语权上的应有作为"，载《浙江社会科学》2014 年第 7 期。

进度以及解释等。[1]这种情况下，谁掌握了国际游戏规则的制定权和解释权，谁就可以为其他参与者设定需要达到的标准和满足的条件。

培根说"知识就是力量"。福柯则更为深刻地指出"知识就是权力"。知识和权力是直接相关联的，知识产生、巩固权力，权力也可以制造知识。[2]在国际社会的交往中，知识、文化、法律制度、思想观念等内容的输出不仅是一个国家综合实力的体现，也是该国提高其制度控制力和国际话语权的重要方式。[3]比如，在WTO谈判中，大部分发展中国家在专业知识、谈判技术、规则熟知度等方面无法与发达国家进行对等谈判。而在发达国家的主导下，谈判过程中经常会有新的名词、概念、规范、议题等被不断创设出来，这很大程度上导致了发展中国家无法跟上谈判的步伐——旧的议题还没吃透，新的议题又不断涌现。甚至，在英语国家主导的国际经贸格局中，语言本身就构成一些非英语国家深度参与国际事务的重大障碍。[4]这种情况下，知识、语言、技术等看似与权力关联不大的东西，却处处体现着一个国家在国际社会中的权力和地位。

---

[1] 参见陈小鼎、王亚琪："从'干涉的权利'到'保护的责任'——话语权视角下的西方人道主义干涉"，载《当代亚太》2014年第3期。毛俊响："国际人权话语权的生成路径、实质与中国的应对"，载《法商研究》2017年第1期。

[2] 参见[法]米歇尔·福柯：《规训与惩罚：监狱的诞生》，刘北成、杨远婴译，生活·读书·新知三联书店1999年版，第29页。

[3] 参见王燕："自由贸易协定下的话语权与法律输出研究"，载《政治与法律》2017年第1期。

[4] 参见[英]阿姆里塔·纳利卡：《权力、政治与WTO》，陈泰锋、薛荣久译，外语教学与研究出版社2007年版，第195~197页、第202~205页、第240~258页。[美]约翰·H·巴顿等：《贸易体制的演进——GATT与WTO体制中的政治学、法学和经济学》，廖诗评译，北京大学出版社2013年版，第66页、第92页、第216~218页。

国内学界关于我国涉外法律服务市场的研究主要集中在国际经贸领域，围绕GATS的框架具体讨论中国法律服务贸易的自由化问题。2001年中国加入WTO前后，学界着重研究GATS框架下法律服务贸易的自由化及对中国的影响、中国该如何对外开放以及采取何种应对策略等。[1]2013年中国实施自由贸易试验区战略后，学界开始关注自贸区建设对我国涉外法律服务业的影响，并思考涉外法律服务市场的现状，以及新形势下对外开放机制和监管机制的创新等。[2]

总体上讲，学界对于我国法律服务市场应该坚持对外开放是没有争议的，存在的争议的是开放的形式、范围、幅度以及可能产生的影响等。比如，有学者认为法律服务自由化不会导致本地法律服务的边缘化，反而可能产生积极的影响，境外法律服务机构的本土化是不可避免的现象。[3]但是，也有人指出外国法律服务机构的本土化是其进入我国市场后站稳脚跟和占领市场的策略，而我国法律服务市场全面对外开放需要一个渐进的过程。[4]即便是主张扩大开放者，也大都认为应该有条件、

---

[1] 参见孙南申："法律服务业市场开放中的问题与对策"，载《南京大学学报》（哲学·人文科学·社会科学版）1998年第4期；陈东："也论《服务贸易总协定》（GATS）框架下的法律服务对外开放——兼论中国的立法取向"，载《东南学术》2001年第6期；李仁真："WTO与中国法律服务市场的对外开放"，载《中国司法》2004年第11期。

[2] 参见盛雷鸣、彭辉、史建三："中国（上海）自由贸易试验区建立对法律服务业的影响"，载《法学》2013年第11期；杨建锋："上海自贸区法律服务业的开放与监管创新"，载《WTO经济导刊》2014年第12期；张方舟："论中国法律服务市场开放的新标准——以上海自贸区的实践为视角"，载《研究生法学》2016年第1期。

[3] 参见李本森："经济全球化背景下的法律服务自由化"，载《法学》2004年第1期。

[4] 参见贾午光、何敏："国际法律服务业的发展趋势与中国法律服务业的进一步开放"，载《环球法律评论》2001年第4期。

分阶段、可操控地扩大对外开放。[1]

　　由于法律服务业与国家主权、政经体制、社会秩序等密切关联的特殊属性，而中国本土法律服务业又尚处于成长发展期，这种情况下要求中国一蹴而就地实现法律服务市场的完全对外开放是不现实的。更何况，对外来法律服务业设置一定的市场准入门槛是世界其他国家和地区的通行做法，并非中国所独行。

---

[1] 参见周忠海、谢海霞："中国开放法律服务市场有关问题之探讨"，载《政法论坛》2002年第1期；陈承帼："论中国律师业的进一步开放"，载《中国司法》2012年第1期。

第二章
中国律师业的发展变迁及涉外法律服务的现状

第一节 国家主义视角下中国律师职业的建构与演进

在前现代社会,维持秩序的不是法律,而是阶级、阶层、伦理、道德等,律师不会是一个受尊重和认可的职业。在中国古代,帮人写诉状、打官司的人被称为"讼师",工作性质类似于现代律师,但是历代朝廷非但不承认他们的法律地位,而且一直采取贬损和打压的政策。[1]无独有偶,在欧美国家的历史上,也曾出现过不利于律师发展的阶段。比如,在18世纪的德国,律师的地位是非常低的,政府对他们严格控制,甚至将律师执业许可作为一种盈利手段。有一段时间,私人执业律师被清出了诉讼程序,由法官来充当辩护人,即德国历史上曾出现过法官既当"球员"又当"裁判员"的情况。美国建国前和19世纪末,律师职业也一度非常不发达,社会认可度和社会地位都非常低,他们被视为昧着良心从事不道德勾当的破坏秩序的

---

[1] 参见尤陈俊:"清代讼师贪利形象的多重建构",载《法学研究》2015年第5期;李栋:"讼师在明清时期的评价及解析",载《中国法学》2013年第2期;潘宇:"清代州县审判中对讼师的禁制及原因分析",载《法制与社会发展》2009年第2期;邓建鹏:"清代讼师的官方规制",载《法商研究》2005年第3期。

第二章 中国律师业的发展变迁及涉外法律服务的现状

"讼棍",甚至有人建议完全废除律师制度。[1]

只有在经历了一定的社会变革,国家的政治经济、思想文化和权力结构发生了实质性变化后,律师等法律人才有可能逐渐被认为是权力的构成或代表。[2]中国近代律师制度初萌于清末变法。清政府先后起草了《大清刑事民事诉讼法草案》(1906年)、《大清刑事诉讼律草案》(1910年)和《大清民事诉讼律草案》(1911年),对律师参与诉讼作了规定。在国民政府时期,国家和社会都处于新老交替的转型阶段,政治、制度、法律、文化、思想等都处于不断变换和重塑的状态。在这一阶段,律师的数量比较少,律师行业尚未发展成熟,律师制度也一再变换。自1912年至1949年的37年间,国民政府颁布了多部有关律师制度的法律。辛亥革命后,南京临时政府起草了我国第一部有关律师制度的成文法草案——《律师法草案》,后因临时政府解散而未能付诸实行。1912年,北洋政府颁布中国第一部关于律师制度的成文立法——《律师暂行章程》。后来,国民党南京政府从1927年开始陆续公布了新的《律师章程》《律师法实施细则》《律师登录规则》《律师惩罚规则》等。不过,国民政府时期的律师制度一直处于一种不稳定的状态,比如,1912年的律师职业是不分诉讼律师和事务性律师的。到了1927年,国民政府采用英国的方法,把律师分为诉讼律师和事务性律师,其中诉讼律师通常也叫大律师,可以出庭诉讼。后来,国民政

---

[1] 参见〔美〕迪特里希·鲁施迈耶:《律师与社会:美德两国法律职业比较研究》,于霄译,上海三联书店2014年版,第146~147页、第151~152页、第154~155页;参见〔美〕布赖恩·Z.塔玛纳哈:《走下神坛:美国法学院现状观察》,秦洁译,法律出版社2017年版,第22页。

[2] 参见王志强:"辛亥革命后基层审判的转型与承续——以民国元年上海地区为例",载《中国社会科学》2012年第5期;参见李在全:《变动时代的法律职业者——中国现代司法官个体与群体(1906~1928)》,社会科学文献出版社2018年版。

府又取消了这种区分，律师职业不再有大小律师的区别。

从功能主义的角度考察，律师制度的存废兴衰很大程度上取决于它在国家治理体系所扮演的角色以及国家权力对它的功能定位。从1979年恢复重建到2019年底，现代意义上的律师制度在中国大陆已经走过了40年的历程。而在1979年之前的30年间，律师制度一度被废除。在1950年取缔旧式律师制度后，1954年开始建立起的新律师制度也在1957年被废除了，作为主管律师工作的司法部在1959年被裁撤，司法行政工作交由最高人民法院管理。1976年以后之所以恢复重建律师制度，一方面是审判"四人帮"等人的政治需要[1]，一方面是因为国家的重心由革命斗争转向了以经济建设为中心的现代化建设，改革开放和发展社会经济离不开法律保障和律师服务。进而言之，在国家所构建的庞大治理体系中，理性化的法律体系和法律职业是证成治理合法性、正当性与现代性的重要机制，也是向外界展示中国改革开放决心的核心工具，因此中国建构起越来越复杂的法律体系和越来越专业化、技术化以及形式理性化的法律职业。[2]

总之，中国近代律师业的产生和发展带有显著的国家干预性，国家与律师职业之间存在着一种微妙的互动关系。1949年以来建立起的具有革命性和重构性意义的国家政治权威，不仅在地理层面覆盖了整个中国大陆[3]，而且在职业层面涵摄了所

---

[1] 以司法审判的形式来处理党内斗争问题，并注重律师的参与，代表了国家对法律职业主义的认可和接纳。但是在这个过程中，国家依然是主导性的力量。参见马克昌主编：《特别辩护——为林彪、江青反革命集团案主犯辩护纪实》，中国长安出版社2007年版。

[2] 参见刘思达："当代中国日常法律工作的意涵变迁（1979～2003）"，载《中国社会科学》2007年第2期。

[3] 参见何显明："70年来中国现代国家治理体系的建构及演进逻辑"，载《浙江学刊》2019年第5期。

有行业。改革开放以后，国家主义的法治建设逻辑也一直贯穿于中国律师职业的发展变迁中。

第二节　中国律师业的发展状况及特点

当进入法治社会或前法治社会，大部分社会矛盾转化成法律问题，法律职业将承担起许多专业化的社会功能，法律从业者开始在国家治理和社会发展中扮演重要角色。而随着法律体系的健全和法治化程度的推进，法律职业的发展状况成为衡量国家现代性和社会治理现代化的重要指标。目前我国正在大力推动公共法律服务体系建设、律师分类改革、刑事辩护全覆盖、值班律师制度试点以及对律师执业权利的保障等，即可理解为在提升律师在国家治理和社会发展中的参与度。下面我们对中国律师业在1949年之后的发展特点进行总结和分析。

一、律师制度的曲折发展

1949年，党中央宣布废除国民党政府的"六法全书"及一切其他法律，取消了国民政府时期的律师制度，解散了旧的律师组织，在解放区司法制度的基础上建立了新的人民律师制度。从1949年12月开始，最高法院及上海市等地方法院陆续建立"公设律师室"。1950年7月，中央人民政府政务院公布了《人民法庭组织通则》，规定人民法庭"应保障被告有辩护及请人辩护的权利"。1954年7月，司法部开始在北京、上海等城市试办律师工作机构。1954年颁布的《中华人民共和国宪法》（以下简称《宪法》）也明确规定"被告人有权获得辩护"。1956年1月，国务院批准了司法部《关于建立律师工作的请示报告》。到1957年6月，全国已有19个律师协会筹备会，800多个法律顾问处，专职律师有 2700 多人，兼职律师有 350 人。[1]

党的十一届三中全会以后，律师制度得到了恢复和重建。1980 年 8 月 26 日，第五届全国人大常委会第十五次会议讨论通过了《中华人民共和国律师暂行条例》（以下简称《律师暂行条例》）。1996 年 5 月，第八届全国人大常委会第十九次会议通过《律师法》，被称为我国律师制度发展史上的里程碑。恢复重建以来，我国律师的法定性质经历了从"国家本位"到"社会本位"再到"当事人本位"的变迁。1980 年的《律师暂行条例》将律师定性为"国家的法律工作者"，与一般国家工作人员没有本质区别；将律师工作机构称为"法律顾问处"，性质是隶属于各级司法行政机关的事业单位，主要为同级别的国家机关、企业及本辖区内的个人提供法律服务。即便国家 1986 年开始对律师进行资格考试，律师事务所依然是国办所。十四届四中全会将律师事务所定性为中介组织，正式确认了律师执业活动的商业性质。1996 年制定的《律师法》则从法律层面将律师行业的"去行政化"成果确定了下来，把律师事务所与国家司法行政部门的隶属领导关系改为监督、指导关系，把律师的身份改为"为社会提供法律服务的执业人员"。对律师社会本位主义的定性，弱化了律师的"国家"属性，肯定了律师维护社会利益的功能，也暗含了承认律师市场性的倾向。[2] 2000 年前后的脱钩改制改革，让律师事务所全面转化成为私有性质的商业组织。2017 年修订的《律师法》第 2 条规定："本法所称律师，是指依法取得律师执业证书，接受委托或者指定，为当事人提供法

---

[1] 参见张晓陵、杨春福编著：《律师与公证实务》，南京大学出版社 1994 年版，第 17 页。

[2] 参见蒋超："我国律师性质的流变与重塑——从'本位主义'到'自由职业'"，载《安徽大学学报》（哲学社会科学版）2018 年第 2 期。

律服务的执业人员。律师应当维护当事人合法权益,维护法律正确实施,维护社会公平和正义。"在当事人本位主义模式下,权利价值进一步得到彰显,律师服务的对象不再是抽象化、概念化甚至政治化的"社会",而是具体到了"个体"——当事人。总之,在这场历时四十多年的法治建设运动中,中国的律师队伍不断壮大,律师行业不断成熟,律师制度不断健全完善。

二、律师队伍的快速成长

1979年,全国从事律师工作的仅有212人,到1981年底上升至5500人(其中很多是兼职律师),法律顾问处1465个(1983年以后陆续改制为国办律师事务所)。[1]1990年前后的律师改制,尤其是1992年邓小平南方谈话之后,中国的社会经济开始进入快速发展时期,随之而来的便是对法律服务需求的不断扩大,律师和律师事务所的数量持续增多,业务类型不断多元化。[2]到了2000年,我国律师人数已近12万,律师事务所达到9000多家。2008年,律师人数已达到15.67万人。2010年底,律师队伍发展到19.4万人,律师事务所达到1.69万家。2012年底,中国已经拥有23万名律师,律师所达到19 361家。2016年上半年,我国律师已达到30.3万余人,律师事务所已达到2.5万家。[3]2017年底,全国共有律师事务所2.8万余家,执业律师36.5万余人。截至2019年底,全国共有执业律师47.3万余

---

[1] 参见"从0人到36.5万人,律师业四十年之变",载http://www.sohu.com/a/250070799_657048,最后访问时间:2020年8月28日。

[2] 参见刘思达:《割据的逻辑:中国法律服务市场的生态分析》,上海三联书店2011年版,第17~34页。

[3] 参见中国司法部发布:http://www.moj.gov.cn/lsgzgzzds/content/2016-12/02/content_6903061.htm?node=275。最后访问时间:2016年12月13日。

人，律师事务所3.2万余家。[1]通过这些数据的对比可以看出，中国律师业在过去40年间的发展是非常迅速的，这与国家的大力推动密切相关。

改革开放后很长一段时期内，我国律师行业存在国办律师事务所、公私合作制律师事务所、法律服务中心等多种形式。改革开放之初，很多外商不敢聘用中国律师，其中一个重要原因是当时中国的律师事务所都是国办所，律师占事业编制、拿国家工资，他们不相信律师能够在保持中立的情况下切实地为他们提供服务。[2]为了适应经济发展的需要，适应国际法律服务市场规则，中国从1988年起开始实施律师行业的私有化。1988年~1989年，在北京、深圳等几个大城市出现了合作制律师事务所，这些合作制律师事务所遵循"两不四自"的原则（即不占行政编制、不靠财政经费，自收自支、自负盈亏、自我发展、自我约束），由公办律师事务所内律师的律师采取"停薪留职"的方式出资设立，以该律师事务所的全部资产对其债务承担责任。到了20世纪90年代中期，在国家政策的引导下，国办律师事务所与合作律师事务所开始进行改制，改建成合伙制律师事务所，即由律师事务所内全体合伙人对律师事务所的债务承担无限连带责任。如今，律师和律师事务所的市场化程度越来越高，其性质和身份构成也日益多元，国资性质的律师事务所占比很少。2019年底，在47.3万余名执业律师中，专职律师有39.73万余人、兼职律师1.25万余人、公职律师4.33万

---

[1] 中国司法部：《2019年度律师、基层法律服务工作统计分析》，载http://www.moj.gov.cn/government_public/content/2020-06/22/634_3251200.html，最后访问时间：2020年9月19日。

[2] 参见司莉："中国律师职业独立问题探析"，载《当代法学》2002年第5期。

余人、公司律师1.09万余人、军队律师1500人。在3.2万余家律师事务所中,合伙所1.94万余家、国资所970余家、个人所9200余家。

在20世纪80年代中后期,与律师群体并存的还有乡镇法律工作者、法律顾问等法律服务群体。尤其是乡镇法律工作者,他们的数量在这一时期迅速增长到8万人左右,是律师数量的两倍以上,占据了当时中国法律服务市场的半壁江山。[1]随着中国法治进程的推进,曾经广泛存在的乡镇法律工作者在2000年更名为"基层法律服务工作者"。截至2019年底,全国依然有1.5万余家基层法律服务机构,6.7万基层法律服务工作者,共办理诉讼案件77.1万余件,办理非诉讼法律事务19.4万余件,参与仲裁8.2万余件,提供各类公益法律服务53万余件,为9.1万余家党政机关、人民团体、企事业单位担任法律顾问。[2]

改革开放以来,我国律师队伍的迅速发展,与党和政府越来越重视律师工作有密切联系。邓小平在1980年1月16日曾指出,中国当时的干部构成问题是缺乏拥有专业知识和专业能力的干部人才,其中包括法官、检察官、警察、律师在内的法律专业人才至少缺少100万。[3]在同年3月12日关于"精简军队"的讲话中,邓小平再次指出,军队工作与政法工作比较接近,符合一定的专业条件和道德标准的精简下来的军队干部可

---

[1] 参见盛雷鸣、彭辉、史建三:"中国(上海)自由贸易试验区建立对法律服务业的影响",载《法学》2013年第11期。

[2] 中国司法部:"2019年度律师、基层法律服务工作统计分析",载http://www.moj.gov.cn/government_public/content/2020-06/22/634_3251200.html,最后访问时间:2020年9月19日。

[3] 《邓小平文选》(第二卷),人民出版社1983年版,第263页。

以进入缺乏人才的法官、律师、检察官等行业中。[1]1992年一年的时间内，时任中共中央总书记江泽民曾在不同场合先后七次谈起要加强律师工作，并指出中国应该有30万名律师。李鹏、乔石、朱镕基等其他时任党和国家领导人也多次明确指出，中国发展外向型经济需要会计师、审计师、律师等人才的支持。[2]2004年，时任国家领导人胡锦涛、温家宝、罗干等就加强律师队伍建设作出了重要指示。[3]习近平总书记也强调，律师队伍是依法治国的一支重要力量，要求切实加强律师工作和律师队伍建设。[4]

三、律师业的多元化、规模化、专业化发展

随着市场经济的发展和行业分工的细化，我国律师业现已经从简单经营阶段进入到市场化运作的阶段，业务领域日益广泛，律师事务所规模日益扩大，行业分工日益精细。

（一）业务领域日益广泛

恢复重建的初期，我国律师制度不完善，律师数量不多，律师业务领域狭窄，主要集中在以事后救济为目的的诉讼业务上，具体包括婚姻家庭等民事诉讼、刑事辩护以及为国营、集体企业提供法律顾问服务的业务等。这一时期，律师行业尚不存在明确的分工，法律服务的专业化程度不高，"万金油"式的

---

[1]《邓小平文选》（第二卷），人民出版社1983年版，第286页。

[2] 参见章武生、韩长印："当今世界律师制度发展的六大趋势"，载《中国律师》1994年第11期。

[3] 参见"胡锦涛等指示要加强律师队伍建设维护司法公正"，载http://www.chinanews.com/n/2004-03-23/26/416980.html，最后访问时间：2020年9月19日。

[4] 参见习近平："加快建设社会主义法治国家"，载《求是》2015年第1期。

第二章 中国律师业的发展变迁及涉外法律服务的现状

律师占据主流。

经过 40 多年的发展,中国律师服务的内容和种类日益多元和高端,其业务范围已经从传统的民事、刑事案件扩展到金融、证券、保险、投资、知识产权、海事海商、并购重组、国际贸易、反倾销、高科技等领域,服务区域也从国内业务扩展到境外。在此,我们不妨以《中国法律年鉴》《中国司法行政年鉴》《中国律师年鉴》等资料为基础,考察改革开放以后 1981 年至 2011 年期间我国律师业务活动的基本状况和发展趋势。[1]

表4 1981年~2011年全国律师业务活动的基本状况和发展趋势

年份(年)	担任法律顾问(处)	法律咨询(万件)	代书(万件)	民事诉讼代理(件)	刑事辩护(件)	行政诉讼代理(件)	非诉法律事务(件)
1981		34	6	8123	65 179	—	4550
1982	4111	58	14	23 231	93 712	—	12 836
1983	3846	99	20	37 311	103 492	—	12 100
1984	15 349	119	24	52 213	163 476	—	20 194
1985	39 453	122	32	108 236	101 707	—	41 136
1986	43 184	159	33	160 999	136 927	—	41 185
1987	59 478	190	42	208 627	154 485	—	55 061
1988	88 108	241	53	265 326	170 194	—	71 618
1989	109 609	263	57	329 344	232 406	—	133 226
1990	111 899	276	52	333 525	252 344	—	110 539
1991	128 921	244	50	382 679	230 967	14 307	236 707

[1] 冉井富、周琰:"我国律师业务发展研究报告",载《中国司法》2013年第6期。

续表

年份(年)	担任法律顾问(处)	法律咨询(万件)	代书(万件)	民事诉讼代理(件)	刑事辩护(件)	行政诉讼代理(件)	非诉法律事务(件)
1992	151 501	278	61	396 342	219 739	16 061	277 030
1993	185 715	241	60	483 306	191 657	15 260	350 408
1994	203 320	291	53	541 574	208 806	16 283	403 544
1995	234 496	196	54	641 159	204 382	18 043	452 021
1996	223 043	187	52	714 064	245 877	19 360	435 483
1997	232 434	426	96	857 610	275 188	29 618	1 222 239
1998	235 676	490	126	940 862	296 668	35 865	851 433
1999	238 576	419	97	1 018 813	309 767	39 006	716 287
2000	247 160	457	111	1 079 282	317 108	41 785	770 087
2001	254 758	403	114	1 069 901	339 549	43 800	1 162 715
2002	265 362	487	120	1 148 774	335 267	43 707	827 057
2003	271 669	430	120	1 186 585	324 454	48 115	876 696
2004	282 361	471	123	1 211 223	332 688	50 778	904 516
2005	276 097	441	120	1 337 749	351 229	50 389	933 346
2006	279 573	520	145	1 405 116	341 619	56 657	915 482
2007	295 990	382	715	1 247 877	495 824	56 342	607 049
2008	314 867	226	721	1 401 147	511 971	54 666	729 218
2009	338 179	383	684	1 499 105	564 204	57 286	569 304
2010	369 129	474.51	723.72	1 569 043	530 800	51 011	549 453
2011	392 456	513.55	787.36	1 693 635	569 330	52 136	625 229
增值率	26.7%	9.5%	17.5%	19.5%	7.5%	6.7%	17.8%

2019年，全国律师办理各类法律事务1119万余件，其中，诉讼案件610.8万余件，非诉讼法律事务133.6万余件，为73万余家党政机关、人民团体和企事业单位担任法律顾问。在诉讼案件中，刑事诉讼辩护及代理109.4万余件，民事诉讼代理479.2万余件，行政诉讼代理18.9万余件，代理申诉3.3万余件。

（二）律师事务所规模日益扩大

无论是在发达国家和地区，还是在发展中国家和地区，律师行业的发展都会经历一个从小到大的过程。经过40多年的快速发展，我国律师行业正逐步走向专业化、规模化，一批规模较大、素质较高、专业化分工细化、办公条件优越、社会信誉良好的大型知名律师事务所正在形成。就人员规模而言，近年来超过百人的大型律师事务所不断增多，千人以上的超大型律师事务所已不再罕见。在2010年，全国1.72万家律师事务所中，执业律师超过1000人的律师事务所只有2家。至2015年，拥有千名以上律师的律师事务所至少有7所，其人数情况如下表所示：

表5

律师事务所名称	执业律师人数（人）
大成律师事务所	6568
盈科律师事务所	4929
金杜律师事务所	2250
恒德律师事务所	1333
中伦律师事务所	1283
锦天城律师事务所	1229
国浩律师事务所	1200

2019年，我国拥有执业律师10人以下的律师事务所有2.1

万余家，11人至20人的有6860余家，21人至50人的有3420余家，51人至100人的有620家，100人以上的律师所有320余家。北京大成律师事务所自2015年与德同（Dentons）律师事务合并为新的律师事务所以后，在全球50多个国家拥有逾6500名律师，比此前世界上最大律师事务所贝克·麦坚时（Baker & McKenzie）律师事务所多出2000多人，后者拥有将近4300名律师。合并之前，大成律师事务所已经拥有逾4000名律师，人员规模亚洲第一。[1]

当然，一个律师事务所的规模大小不能只以人员数量作为衡量标准，还应考虑到业务创收总量、律师人均收入等情况。有些律师事务所的人员规模比较小，但是业务创收规模却非常惊人，律师人均收入十分可观。比如，通力律师事务所在2015年度只有67名律师，业务总收入却达到3.75千万美元，人均创收55.97万美元，排名第一。

就收入而言，改革开放以来，中国律师行业的业务收入一直呈现快速增长的态势。比如，据来自上海市律师协会的内部数据2011年至2015年期间，上海市百人以上的律师事务所由6家增加到18家，业务创收达到亿元以上的律师事务所由6家增加到19家，并在境外共设立分支机构12家。又如，根据《美国律师》（The American Lawyer）[2]在2016年9月8日公布的数

---

[1] 参见李树森："大成与德同打造最大律师事务所"，载《人民日报》（海外版）2015年1月29日，第4版。

[2] 目前研究律师事务所排名的机构有很多，国际上比较知名的有《美国律师》（The American Lawyer）、Acritas、《钱伯斯亚太指南》（Chambers Asia Pacific Guide）等机构。这些机构对全球律师事务所进行排名时所采用的方法和资料较为科学、可靠，得出的结论也相对更为权威。由于采用的标准和研究方法有所不同，各个机构之间所做出的研究结果也会有所出入。为了方便对比，本书将以《美国律师》的研究成果为主，并辅以其他机构的研究成果。

据，2015 年中国律师事务所收入排行中，入榜的 35 家律师事务所收入总计达到 550 亿美元，其中，业务收入过亿美元的律师事务所有 9 家，过两亿美元的律师事务所有 6 家，过 10 亿美元的律师事务所有 2 家（分别为大成律师事务所和金杜律师事务所）。大成律师事务所依靠其庞大的规模和全球化的业务支撑，业务收入高达 21 亿美元，国内收入部分为 4.5 亿美元。金杜律师事务所的年收入是 10.2 亿美元，国内收入部分为 3.5 亿美元。[1]

（三）行业分工日益精细

根据《美国律师》的研究，2015 年中国法律服务市场在经济放缓的不利背景下，还保持了稳定的增长态势，其中一个重要原因是中国法律服务行业越来越注重专业化和精细化，业务收入的增长不再依靠人员规模，而是注重通过专业精细的高质量服务来推动业务量的增长。比如，通力律师事务所自成立以来一直聚焦医疗、房地产、基金、资产管理、资本市场和跨国投资等业务领域，该所在 2015 年的业务总收入为 3750 万美元，比 2014 年的 2180 万美元增长了 72%。又如，国浩律师事务所和竞天公诚律师事务所一直将重心放在资本市场，在这一领域深耕细作多年，它们的迅速发展很大程度得益于它们对资本市场等领域的专注。汉坤律师事务所自 21 世纪初开始就一直密切关注科技、传媒和电信等领域，并与创业者和风投机构进行了密切的合作。近几年，随着中国互联网行业的快速发展，该律师事务所在这些领域取得了非常大的成就。

在很多律师事务所纷纷追求规模化的同时，一些规模不大

---

[1] 这些中国律师事务所的收入数据基本上都是由它们自己提供，而中国法律服务行业的财务透明度和成熟度又相对较高，因此这些数据的真实性可以信赖。See Anna Zhang, "Revenues Climb at China's Biggest Firms", 载 http://www.americanlawyer.com/id=1202766982153/Revenues-Climb-at-Chinas-Biggest-Firms，最后访问时间：2016 年 12 月 13 日。

的律师事务所仍然有较好的发展前景。它们可以承办一些大型律师事务所不愿承办的业务,并以专业化的理念和服务在激烈的市场竞争中寻求到自己生存发展空间。比如,一些律师事务所专注于婚姻家庭领域,一些律师事务所在劳动法律服务领域深耕细作,都取得了较好的发展。

四、律师的社会地位不断提高

随着我国法治化进程的不断推进,律师的社会地位不断提高,他们不仅逐渐步入高收入阶层,也开始成为社会精英的代表。大量的优秀人才加入了律师队伍,不断有法官、检察官等司法公职人员辞职成为律师。一些律师也有机会当选为党员代表、人大代表、政协委员,被选拔为法官、检察官,或进入行政机关担任一定级别的职务等。比如,截至2016年3月30日,全国共有1445名律师担任各级人大代表,4033名律师担任各级政协委员,其中有27名律师担任全国人大代表、政协委员。截至2019年底,律师担任"两代表一委员"共8758人,其中担任各级人大代表2779人,担任各级政协委员5477人,担任各级党代会代表502人。这些都是律师社会地位提升的直观表现。[1]

第三节　中国涉外律师业的发展与布局

中国涉外律师业的发展也带有显著的国家建构性,从中央到地方进行了一系列的发展规划与整体布局。我国涉外律师业"走出去"的模式包括在境外设立分支机构、建立跨境联盟等,

---

[1] 中国司法部:"2019年度律师、基层法律服务工作统计分析",载http://www.moj.gov.cn/government_public/content/2020-06/22/634_3251200.html。最后访问时间:2020年9月19日。

主要从事非诉讼类涉外法律业务。

一、中国涉外律师业的发展规划

2017年5月,司法部召开由外交部、国家发改委、商务部、全国律协等13个成员单位组成的发展涉外法律服务业联席会议第一次会议,力求通过联席会议这个平台,共同推动涉外法律服务业发展。截至至2017年3月,全国共有38家律师事务所在14个国家和地区设有65个境外分支(代表处),其中有6家中国律师事务所在"一带一路"沿线国家和地区设立7个境外分支机构,新加坡、阿联酋等"一带一路"沿线国家的律师事务所在中国设立了9家代表机构。[1]截至2019年,中国律师事务所在境外设立分支机构共154家,共办理各类法律事务6万多件。

作为中国改革开放的"排头兵",上海在推动律师业"走出去"方面走在全国前列。就对涉外法律服务业的发展规划而言,上海市司法局、发改委、经信委、商务委、教委、外办、国资委和法制办等八个委办局围绕《关于发展涉外法律服务业的意见》(司发通〔2016〕136号),于2018年6月27日联合印发《上海市发展涉外法律服务业实施意见》(沪司发〔2018〕80号)(以下简称《实施意见》),要求稳步推进涉外法律服务业开放,明确建设和完善涉外法律服务机构,支持国内律师事务所在世界主要经济体所在国和地区设立执业机构,提高在国际法律服务市场上的竞争力。该《实施意见》共形成了10个方面、13个重点项目的发展涉外法律服务业的具体举措,确立了到2020年在上海建立全方位、多层次的涉外法律服务平台,健全

---

[1] 参见张琰:"全国律协:打通'一带一路'法律服务走廊",http://cn.chinadaily.com.cn/2017-06/24/content_29870524.htm。最后访问时间:2020年9月19日。

涉外法律服务业制度和机制，培养一批高质量的涉外法律人才，全面实现符合上海实际、体现上海特色的涉外法律服务品牌的战略目标。

为促进涉外法律服务的发展，上海市司法局鼓励本市律师事务所在境外设立分支机构或办事处，通过市国资委、经信委、商务委和外办等单位，为律师搭建服务企业"走出去"的桥梁和纽带，开拓律师事务所境外分支机构的案源。同时，上海市司法局对于有意向在境外设立分支机构的律师事务所，将协调外事、财政、税务等部门提供政策方面的指引和帮助。另外，上海市还探索本市律师事务所与境外律师事务所业务合作的方式和机制，继续推动中外律师事务所的联营与互派法律顾问试点、本市律师事务所聘请外籍律师担任法律顾问试点等工作；鼓励本市律师事务所在境外设立分支机构或办事处。支持上海市律师协会等法律服务团体与国（境）外律师协会等团体加强交流合作，参与有关国际组织业务交流活动，不断提升我国法律服务业对外开放战略和参与国际竞争的能力和水平。[1]

二、中国涉外律师业"走出去"的模式

在衡量一国律师行业的发展程度时，该国律师事务所的海外布局也是重要参考因素。在经济全球化的今天，很多大型外国律师事务所都积极开展海外布局，在世界各地开设分支机构。对于一些具有市场潜力的国家和地区，一些外国律师事务所即便是在当地能够开展的业务有限，甚至不盈利，也要积极进驻该地，为的就是能够在该法律服务市场及早布局，以便能够在未来发展中抢占先机。国际化布局也被中国律师事务所提上了

---

[1] 参见陈颖婷："本市正努力打造涉外法律服务'上海品牌'"，载《上海法治报》2018年7月2日，第A01版。

制定战略时的议程，设立境外分支机构（如分所、代表处、办公室等）、跨境联盟和联营、与境外律师事务所合资办所、跨国合并、品牌联盟、加入国际律师组织等，是我国律师事务所国际化的主要模式。

（一）设立境外分支机构

具有较高国际知名度的《美国律师》于2016年发布了一份中国排名前35的律师事务所榜单，这份榜单涵盖了中国当前最优秀、最卓越的一批律师事务所，它们是中国律师行业的佼佼者，大部分都具有高度国际化的背景和专业化的团队。因此，我们不妨将这份榜单中的律师事务所作为观察对象，从实证的角度来分析中国（不仅是上海）涉外律师业的实际现状及存在的问题。根据这35家中国律师事务所的官网显示，截至2018年12月10日，它们的海外布局状况如下表所示[1]：

表6

律师事务所名称	总部所在地	境外分支机构数量/个	境外分支机构地域分布
大成律师事务所	北京	124	分布在66个国家和地区。加拿大（6个）、美国（24个）、拉丁美洲和加勒比海地区（20个）、欧洲（11个）、英国（6个）、中东欧（6个）、俄罗斯和独联体（5个）、非洲（20个）、中东地区（10个）、中亚地区（4个）、东盟地区（4个）、亚太地区（3个）、澳大利亚（5个）

[1] 相关数据来自这些律师事务所的官方网站。

续表

律师事务所名称	总部所在地	境外分支机构数量/个	境外分支机构地域分布
盈科律师事务所	北京	36	纽约、芝加哥、伦敦、布鲁塞尔、布达佩斯、维罗纳、米兰、华沙、伊斯坦布尔、首尔、新加坡、特拉维夫、迪拜、圣保罗、墨西哥城、马德里、莫斯科、里斯本、瓦伦西亚、波兹南、格但斯克、里约热内卢、雅典、摩纳哥、巴塞罗那、布宜诺斯艾利斯、柏林、布拉迪斯拉发、布拉格、苏黎世、哈萨克斯坦、吉尔吉斯斯坦、蒙古、巴黎、波尔多
金杜律师事务所	北京	17	澳大利亚（5个）、美国（2个）、新加坡、日本、德国、意大利、比利时、英国、西班牙、阿联酋、俄罗斯、非洲
协力律师事务所	上海	7	大阪、福冈、米兰、巴黎、新加坡、柏林、日内瓦
国浩律师事务所	北京	5	巴黎、马德里、斯德哥尔摩、纽约、硅谷
中伦律师事务所	北京	5	东京、伦敦、纽约、旧金山、洛杉矶
德恒律师事务所	北京	5	巴黎、迪拜、布鲁塞尔、海牙、阿拉木图
泰和泰律师事务所	成都	4	华盛顿、首尔、釜山、悉尼

第二章 中国律师业的发展变迁及涉外法律服务的现状

续表

律师事务所名称	总部所在地	境外分支机构数量/个	境外分支机构地域分布
广和律师事务所	深圳	3	纽约、多伦多、乌拉圭蒙得维的亚
德和衡律师事务所	北京	2	华盛顿、莫斯科、中国香港
中伦文德律师事务所	北京	3	伦敦、巴黎、里昂
观韬中茂律师事务所	北京	2	多伦多、悉尼
康信知识产权代理公司	北京	3	美国、日本、欧洲
君合律师事务所	北京	2	纽约、硅谷
段和段律师事务所	上海	1	西雅图
通力律师事务所	上海	1	伦敦
锦天城律师事务所	上海	1	伦敦
世泽律师事务所	北京	1	东京
敬海律师事务所	广州	1	东京
汉坤律师事务所	北京	0	
竞天公诚律师事务所	北京	0	
天元律师事务所	北京	0	
安杰律师事务所	北京	0	
海问律师事务所	北京	0	
方达律师事务所	上海	0	
浩天信和律师事务所	北京	0	
隆安律师事务所	北京	0	
天衡联合律师事务所	厦门	0	

续表

律师事务所名称	总部所在地	境外分支机构数量/个	境外分支机构地域分布
金诚同达律师事务所	北京	0	
中银律师事务所	北京	0	
京都律师事务所	北京	0	
高朋律师事务所	北京	0	
天达共和律师事务所	北京	0	
康达律师事务所	北京	0	
环球律师事务所	北京	0	

通过上述表格可以看出：第一，中国律师事务所在全球布局分支机构的数量相对较少。35家律师事务所中，在境外设立分支机构的有19家。换言之，35家律师事务所中，在其他国家设立1个以上分支机构的有19家。需要注意的是，表格中海外分支机构最多的是与外资律师事务所合并后的大成律师事务所，具有非常浓厚的国际背景，不再单纯是中资律师事务所。而在2015年，全球排名前100的律师事务所都在海外进行了布局，除了具有国际背景的大成律师事务所的分支机构遍布全球54个国家外，美国贝克·麦坚时国际律师事务所在全球47个国家进行了布局。在30个~39个国家布局的律师事务所有3家，欧洲CMS律师事务所集团的分支机构遍布34个国家，英国欧华律师事务所的分支机构遍布32个国家，英国安理国际律师事务所的分支机构涉及31个国家。另外，在20个~29个国家布局分支机构的律师事务所有8家，在10个~19个国家布局分支机构的律师事务所有20家，在1个~9个国家布局分支机构的律师事务所有67家。

第二章　中国律师业的发展变迁及涉外法律服务的现状

上述数据还反映了上海律师事务所的境外布局能力有待提高。在上述27家设有境外分支机构的律师事务所中，只有5家的总部是设立在上海。虽然35家律师事务所并不能代表中国律师业的全部情况，但是其所反映出一些情况还是非常具有代表性的。根据2017年公布的《上海市律师行业涉外法律服务机构名录》，上海233家涉外律师事务所中，总部设在上海的律师事务所有13家在境外开设分支机构，总部在其他省市但在上海设有分所的律师事务所中有37家在境外开设分支机构。2018年，上海锦天城律师事务所英国伦敦分所正式成立，这是上海本土所通过直投的方式在海外设立分所的探索和尝试。另外，还有183家律师事务所虽然未在境外开设分支机构，但有涉外业务。

第二，在"一带一路"国家设立分支机构的律师事务所过少。由上表可知，27家中国律师事务所的境外分支机构主要分布美国、德国、法国、澳大利亚、日本、新加坡等发达国家和地区。而"一带一路"沿线国家主要分布在东北亚、东南亚、南亚、中亚、西亚、北非、中东欧等不发达地区，其中的绝大多数为发展中国家。两相对比可以发现，27家律师事务所中只有大成律师事务所、盈科律师事务所、金杜律师事务所、德恒律师事务所、协力律师事务所、德和衡律师事务所等在"一带一路"沿线的个别国家设立了分支机构。《上海市律师行业涉外法律服务机构名录》显示，上海涉外律师事务所中在北美国家设立分支机构的律师事务所占20.05%，其他地区依次为欧洲、亚洲、澳洲和非洲，而在"一带一路"沿线国家设立分支机构的则仅占了11%。[1]

究其原因有二：首先，这是由律师服务的特性所决定的。

---

[1] 参见王闲乐："私人合伙制律所的破冰之路"，载《解放日报》2018年10月7日，第1版。

上文论及，律师一般被视为理性的人，尤其是经济上的理性人。律师所追求的职业成就，主要表现为经济上的成功。律师业在全球法律服务市场进行布局的最终目的是为了获取经济利益，所以我国律师事务所将境外分支机构主要布局在发达国家和地区，是无可厚非的。其次，法律服务业是一项特殊的服务行业，它的自由化和全球化在很大程度上会对一个国家的主权、政治、社会等带来挑战。因此，各个国家和地区在法律服务的开放方面都持谨慎态度。

(二) 跨境联盟等模式

我国律师事务所"走出去"的形式是多样的，除了在境外开设分支机构外，还有与外国律师事务所就某些业务开展跨国合作，或者以成立联盟或进行海外联营的形式来开展涉外法律服务。比如，通力律师事务所的境外分支机构虽然不多，但是作为一家拥有众多国际客户，并经常参与跨国交易的律师事务所，它与纽约、伦敦、巴黎、东京、新加坡和首尔等国际金融中心及其他世界主要城市的国际性律师事务所建立了长期、良好、紧密的合作关系，可以为跨国交易提供优质、可信赖的法律服务。德恒律师事务所除了在巴黎、迪拜、布鲁塞尔、海牙和阿拉木图等地设有5个国外办公室外，还与美国、法国、荷兰、德国、瑞士、澳大利亚、日本、韩国、芬兰、阿联酋、巴西、布鲁塞尔等国的160多个主要城市的律师事务所建立了合作机制，能够提供跨地域的国际化的法律服务。又如，中银律师事务所宣称与美国、德国、法国、加拿大等十几个国家和地区的律师机构建立了战略合作关系，广和律师事务所宣称与美国、加拿大、澳大利亚、日本、新加坡等国家和地区的律师事务所建立了良好的业务协作关系，隆安律师事务所也声称自己是在美国和欧洲国家拥有战略合作联盟的大型综合性律师事务所。

一些律师事务所已经与外国律师事务所建立了合作机制。协力律师事务所除了在日本大阪、日本福冈、意大利米兰、法国巴黎、新加坡、德国柏林、瑞士日内瓦设有办公室,还与"一带一路"沿线国家的 16 家律师事务所签署了《"一带一路"倡议法律服务合作框架协议》。北京德和衡律师事务所除了与欧洲、澳洲、东亚及东盟地区的律师事务所进行国际法律合作外,还分别在华盛顿、多伦多、莫斯科和圣彼得堡设立"中国法中心",向当地政府、企业、律师、学者们宣讲中国法。

另外一种形式是与境外律师事务所建立联营关系。比如,上海 2014 年起在自贸区试点中外律师事务所联营以及互派律师担任法律顾问工作。至 2019 年,已有 7 家在上海自贸区设立代表机构的外国律师事务所与中国律师事务所开展联营合作,设立联营办公室,业务范围涵盖知识产权、收购兼并、监管合规、证券与资本市场、反垄断、劳动与就业、银行与税务、争议解决及一般公司业务等诉讼和非诉讼业务。

三、中国涉外律师业的业务布局

(一) 千名涉外律师的业务分布情况

2018 年 8 月 31 日,中国司法部公示了"全国千名涉外律师人才"拟入选名单。名单显示,共有来自 30 个省级行政区的 988 名律师入选涉外人才名录。根据司法部通知,每位参加涉外律师人才申报的律师可在国际经济合作、国际贸易、跨境投资、金融与资本市场、能源与基础设施、海商海事、跨国犯罪与追逃追赃、知识产权及信息安全、民商事诉讼与仲裁 9 个类别中选择不超过 2 项作为业务类别。9 大业务领域中,从事跨境投资业务的律师最多,其次是民商事诉讼与仲裁、国际贸易、金融与资本市场,从事跨国犯罪与追逃追赃业务的律师最少。这也从一个侧面反映了我国目前涉外法律业务的构成。

(二) 三十家上海涉外律师事务所的业务分布状况

根据 2017 年 11 月 23 日召开的上海市发展涉外法律服务业联席会议第一次会议所提供的 21 个涉外法律服务典型案例显示,近年来上海律师事务所涉外业务主要集中于公司并购、资本市场、国际金融、国际贸易、海事海商、争议解决与诉讼、知识产权、投资、工程、能源等领域。涉外法律业务的主要客户为从事海外投资并购的中资企业或三资企业中的中方企业,涉外案件通常呈现耗时长、范围广的特点。

2018 年公布的《上海市涉外法律服务示范机构公示名单》包含了 30 家律师事务所,我们不妨以这份榜单为对象来分析上海市涉外律师事务所的业务范围。

表 7

律师事务所名称	业务范围
上海市方达律师事务所	资本市场、私人股本投资、公司业务、直接投资、银行、发展基础设施和项目融资、商业物业、争议解决、电信、媒体和互联网、知识产权、劳动法、破产和重组
北京市金杜律师事务所上海分所	银行与融资、国际基金、竞争、贸易与监管、工程、能源与资源、公司业务、私募股权、并购与商事业务、房地产、破产重组、争议解决与诉讼、证券、税务、知识产权
上海市通力律师事务所	反垄断与竞争、资产管理、银行与金融、资本市场、合规、公司业务、争议解决、医疗健康与生命科学、知识产权、劳动与雇佣、收购与兼并、私募股权投资与风险投资、房地产与建筑工程、破产重组与清算、体育、科技媒体通信

续表

律师事务所名称	业务范围
上海市锦天城律师事务所	公司与并购、证券与资本市场、银行与金融、房地产与建设工程、知识产权、国际贸易、诉讼与仲裁
北京大成（上海）律师事务所	公司与并购、资本市场、知识产权、建筑与房地产、金融、海事与航空、国际业务、争议解决部和刑事业务
上海金茂凯德律师事务所	资本市场、反垄断、投资业务、兼并收购、一般公司法业务、房地产及工程建设、银行业务及融资、诉讼与仲裁、知识产权及信息技术
国浩律师（上海）事务所	投资、资本市场、银行信托保险、公司运营、基础设施建设、房地产、环保和新能源、知识产权、信息网络和电子商务、反垄断、海商海事、国际贸易救济与WTO争议解决
北京市中伦（上海）律师事务所	资本市场、证券、房地产、私募股权与投资基金、公司业务、外商直接投资、收购兼并、银行与金融、诉讼仲裁、知识产权、建设工程与基础设施、WTO/国际贸易、反垄断与竞争法、一带一路与海外投资、劳动法、税法与财富规划、资产证券化与金融产品、破产与重组、合规/政府监管、酒店/旅游开发与管理、科技、电信与互联网、环境、能源与资源、海事海商、文化、娱乐与传媒、融资租赁、海关与贸易合规、健康与生命科学、航空/汽车、国防、军工、刑事合规
君合律师事务所上海分所	保险、电信与互联网、房地产和建筑工程、公司与并购、国际贸易、航空航天、环境、基础设施与项目融资、竞争法、境外投资、劳动法、破产/重整/清算、日本业务、商事

续表

律师事务所名称	业务范围
上海段和段律师事务所	公司业务、国际投资贸易与反垄断、证券金融、知识产权、房地产与建筑工程、海事海商、国内诉讼仲裁、跨境争议解决部及民事法律
上海市协力律师事务所	银行、信托、基金、融资租赁、资产处置
上海市海华永泰律师事务所	金融、证券、公司与商事、房地产与建设工程、国际业务、刑事业务、知识产权、争端解决
上海邦信阳中建中汇律师事务所	海外投资、建设工程、房地产、证券、上市与公司融资、并购改制与重组、外商直接投资
北京市环球律师事务所上海分所	公司与投资、医药与健康行业、兼并与收购、矿产与自然资源、资本市场、劳动与雇佣、国际银行与融资、反倾销、反补贴与保障、风险投资与私募融资、反垄断与竞争法、资产证券化与结构融资、航空及航天、飞机与船舶融资/租赁、保险、境外投资、海商海事、不良资产处置、税务、合规与风控、破产与清算、建筑工程与房地产、仲裁、项目融资与建设诉讼、知识产权
上海里格律师事务所	医药、消费与零售业、文化广告传媒、商业地产
北京盈科（上海）律师事务所	房地产与建筑工程、公司业务、国际与区际法律事务、行政法、金融、民商事、刑事、知识产权、资本市场
上海元达律师事务所	反垄断与竞争、银行、金融与保险、合规、数据隐私与安全、知识产权、劳动与就业、诉讼和仲裁、私人客户、税务、交易性事务、白领犯罪

续表

律师事务所名称	业务范围
上海汉盛律师事务所	证券与资本市场、互联网、破产与清算、建筑与房地产、劳动人事、税收与财富规划、海商海事、争议解决、刑事辩护、私人财富管理、银行与金融、兼并收购、知识产权、反垄断和反不正当竞争、国际业务、境外投资、能源与自然资源、公司治理与合规经营
北京金诚同达（上海）律师事务所	公司业务、证券、金融、房地产、项目融资、基础建设、资产管理、保险、并购、税务、知识产权、反垄断、劳动法、外商投资、国际贸易、WTO争端解决、商事仲裁诉讼等
上海市瑛明律师事务所	证券与资本市场、私募股权、并购、智慧产权、合规与危机解决、反垄断与反不当竞争、银行、信托、基金、破产、破产、重组、清算、公司商务、劳动就业、房地产、基础设施建设、争议解决、国际投资
上海四维乐马律师事务所	海商海事、公司与商事、保险、诉讼与仲裁、国际贸易、船舶建造、买卖及融资、物流服务、房地产与建筑工程、刑事业务
上海市联合律师事务所	公司业务、证券与资本市场业务、银行业务、期货业务、外商投资、私募股权投资、保险业务、保理业务、房地产、国有资产管理、文化传媒、体育赛事、知识产权
上海市华诚律师事务所	知识产权、公司商事、法律数据与知识产权服务、资本市场、金融与资产管理、破产重组、文化娱乐体育、建筑房地产及基础设施、劳动人事、家事和财富管理、贸易海关及税务、诉讼和争端解决、调查

续表

律师事务所名称	业务范围
福建联合信实·霍金路伟（上海自贸实验区）联营办公室	知识产权诉讼、一般公司业务、金融证券、诉讼及仲裁、监管合规
上海九州丰泽律师事务所	银行和保险的合规、金融机构、公司借贷、项目融资、债务重组、私人/个人银行业务、保险诉讼、资产证券化、不良资产处理
上海方旭律师事务所	公司与投资、争端解决、知识产权、劳动法、合规、商业交易、税收与关税、私人客户服务
上海翰策律师事务所	公司业务、房地产与建筑工程、金融业务、知识产权、娱乐和传媒、诉讼仲裁、明星领域
北京观韬中茂（上海）律师事务所	资本市场、公司与并购、银行与金融、房地产与建设、诉讼仲裁、破产重组、工程与基建、知识产权、竞争法与反垄断、国际贸易/WTO、私募与风险投资、行政法、招投标、劳动法、税法、监管与合规、海事海商
北京炜衡（上海）律师事务所	国际贸易、外商投资、境外投资、境外上市、企业收购与兼并、风险投资、资产重组、产权界定、股份制改造、股票债券发行与上市、知识产权、高新技术、电信、房地产、金融、信托、招标与投标、破产重整、清算、商业连锁、特许经营、体育赛事管理、移民、婚姻家庭、反不正当竞争、反垄断、海事海商、保险、人力资源、反倾销
上海原本律师事务所	金融行业、商事诉讼

虽然，这 30 家律师事务所都宣称可以从事涉外法律服务，

但是其真实的对外业务能力如何,还是有待进一步验证的。笔者查询它们的官网,围绕"一带一路"作出详细的业务能力介绍的律师事务所有两家:中伦律师事务所和国浩律师事务所。比如,中伦律师事务所在其官网上明确宣称包括"一带一路"在内的海外投资领域是其强势服务领域,其海外投资法律服务团队由具有美国、英国、法国、加拿大、澳大利亚、日本等国家和地区职业资格、可熟练驾驭英文、法语、德语、俄语、西班牙语、日语和韩语的律师组成,并与全球100多个国家和地区的律师事务所建立了全面稳定的合作网络。该律师事务所曾协助中国企业在美国、加拿大、澳大利亚等发达国家以及非洲、拉丁美洲、亚洲等的欠发达国家进行海外投资,并随着"一带一路"倡议的深入推广而拓展到了东南亚、南亚、中亚、西亚、欧洲以及非洲国家,完成了一系列具有国际影响的重大项目。国浩律师事务所在其官网上设置了"一带一路法律服务协作体"专栏,不仅将"一带一路"的资讯、国别法律研究成果、国际协作交流、项目合作信息公布出来,还将与之有合作的境外法律服务机构及其详细介绍也以"成员单位名录"的形式罗列出来了。

另外,目前上海涉外律师事务所的业务范围涉及诉讼、仲裁、调解和非诉讼业务等领域,其中非诉业务的占比超过了60%,涉外诉讼业务则以涉外民商诉讼为主。近年来,从事传统的涉外民事业务的涉外律师最多,从事国际投资和国际金融的涉外律师的人数也在不断增加。律师事务所在其他国家和地区主要提供非诉讼法律服务,这实际上是由法律服务的特性决定的。第一,法律服务的经济属性决定了法律服务提供者会追逐利益,这是无可厚非的。众所周知,非诉业务所能够带来的利润要远高于诉讼业务,所以跨国律师事务所在国际法律服务市场更倾向于从事非诉业务。第二，法律的地域性决定了法律服务具有地域性。跨国律师事务所如果在东道国从事诉讼业务，在语言文字、对法律制度和司法程序的熟悉程度、对东道国风土人情的了解等方面是没有优势的，因此它们一般会扬长避短，尽量不从事成本高收益小的业务。第三，法律服务的政治属性主要体现诉讼案件中。诉讼案件往往会涉及司法主权、社会秩序、公共利益等。因此，很多国家在是否允许外国律师事务所在本国从事诉讼业务均持谨慎的态度，不会轻易放开对这方面的管控。

第四节　中国律师业"走出去"面临的困境

改革开放四十多年来，中国律师业得到了迅速的发展，但是现实中存在的一些客观问题也不容回避，它们很大程度上成为中国律师业国际化进程中的"绊脚石"。下面我们将中国律师业"走出去"过程中所面临的一些困境总结出来，进行系统的分析。

一、律师资源不足和分布不均

（一）律师在总人口中比率较低

2019 年底，全国共有执业律师 47.3 万多人，而中国现有人口为 14 亿以上，平均下来约每 2960 人拥有 1 名律师，远低于美国每 246 人拥有 1 名律师的情况。实际上，其他一些国家的律师数量与人口总数的比例也高于中国。澳大利亚在 2014 年共有律师 71 879 人，人口 2320 万，平均每 323 人拥有 1 名律师。德国在 2015 年共有 16.4 万名律师，德国在 2014 年底的人口是 8119 万，平均下来每 495 人拥有 1 名律师。日本在 2014 年共有律师

35 045 名，人口有 1.27 亿，平均每 3624 人拥有 1 名律师。印度在 2011 年共有 127 万名律师，在 2014 年共有人口 12.7 亿，平均每 1000 人拥有 1 名律师。[1]

美国律师的数量在全世界排名第一，其律师总量在 1999 年突破 100 万大关，达到 1 000 440 人，现在更是达到了 1 315 561 人。就律师而言，美国是当前世界最具代表性的国家。因此我们通过表格来展示自 1880 年以来美国律师数量与人口总量的比例。[2]

表 8

年份	律师数量（人）	人口总量（人）	律师／人口（约）
1880 年	64 137	50 189 209	1∶783
1890 年	89 630	62 979 766	1∶703
1900 年	114 460	76 094 000	1∶665
1905 年	118 000	83 822 000	1∶710
1910 年	122 149	92 407 000	1∶757
1915 年	122 000	100 546 000	1∶824
1920 年	122 519	106 461 000	1∶869
1925 年	131 000	115 829 000	1∶884
1930 年	139 059	123 076 741	1∶885
1935 年	160 000	127 250 232	1∶795

[1] 参见张千帆："如何设计司法？法官、律师与案件数量比较研究"，载《比较法研究》2016 年第 1 期。

[2] See "ABA National Lawyer Population Survey Historical Trend in Total National Lawyer Population（1878～2016）"，美国律师协会和美国统计局公布的数据：http://www.americanbar.org/resources_for_lawyers/profession_statistics.html. https://www.census.gov/popest/data/historical/index.ht.

续表

年份	律师数量（人）	人口总量（人）	律师/人口（约）
1940 年	181 220	132 122 446	1∶729
1945 年	200 000	139 928 165	1∶700
1950 年	221 605	152 271 417	1∶687
1955 年	250 000	165 931 202	1∶664
1960 年	285 933	180 671 158	1∶632
1965 年	300 000	194 302 963	1∶648
1970 年	326 842	205 052 174	1∶627
1975 年	404 772	215 973 199	1∶534
1980 年	574 810	227 224 681	1∶395
1985 年	653 686	237 923 795	1∶364
1990 年	755 694	249 464 396	1∶330
1995 年	896 140	262 803 276	1∶293
2000 年	1 022 462	281 421 906	1∶275
2005 年	1 104 766	295 520 000	1∶267
2010 年	1 203 097	308 745 538	1∶257
2015 年	1 300 705	321 362 789	1∶247
2016 年	1 315 561	323 180 000	1∶246

通过上面的表格可以看出，美国律师的数量和占总人口的比例一直呈现稳步增长的趋势。1995 年，在美国各个州中，律师占人口比例最高的是哥伦比亚特区，每 14 人中就有 1 名律师；其次是纽约州，每 187 人中有一名是律师；即便最低的阿

第二章 中国律师业的发展变迁及涉外法律服务的现状

肯色州,每556人中也有1名律师。[1]

我们再以中国的几个重要城市为例,考察这些城市的律师数量与常住人口的比例。

表9

城市	律师数量(人)	2019年常住人口数量(万)	律师/人口(约)
北京市	35 427（截至2020年6月底）	2153.6	1∶608
上海市	29 690（截至2020年9月15日）	2428.14	1∶818
广州市	15 932（截至2020年9月15日）	1530.59	1∶961
深圳市	15 685（截至2020年9月15日）	1343.88	1∶857

"北上广深"这个流行语代表了中国社会对一线城市的认识和定位。在当前中国人的意识中,上述四个城市象征着发达、开放、前沿、国际化等概念。但是,通过上表数据可以看到,与美国相比,即便是中国最发达的一线城市,律师占常住人口的比例还是比较低的,中国其他相对落后的城市和地区就更是难以企及了。张志铭教授早在2005年指出:"在现阶段甚至在今后很长一个时期,中国律师业的发展都可能处于'不能完全适应社会日益增长的法律服务需求'的状态"。经过这些年的高速发展,中国的律师行业依然还有很长的路要走。

---

[1] 参见王进喜:"美国律师业:历史与现状",载《中国律师》2005年第9期。

（二）律师资源的区域分布不均衡

经过40多年的发展，中国律师的数量呈现不断增长的趋势。但是，律师行业的经济属性决定了律师资源会根据市场需求、经济发展、政策导向等情况调整自己的区域布局，这就导致律师资源的区域分布会出现不均衡的局面。当前，我国的律师资源主要集中在北京、上海、广东等经济发达的地区，欠发达地区的律师资源十分匮乏。截至2012年12月中旬，中国还有200多个县没有一名律师。拥有一百名律师以上的律师事务所在全国不足百家，且还主要集中在北京、上海、广东三个地方，[1]直到2016年，中国才解决了174个县无律师的问题，实现了律师工作在全国县级行政区域的全覆盖。[2]

另外，规模较大的律师事务所主要集中在北京、上海、广东等发达的地区。根据司法部的数据，2014年底，全国共有执业律师27.1万多人，律师事务所2.2万多家，其中律师人数超过万人的省级行政区只有河北、上海、江苏、浙江、山东、河南、湖南、广东和四川等10个省市。[3]全国前十名的律师事务所有一半以上在北京。[4]2019年底，律师人数超过1万人的省级行政区有18个，其中超过3万人的有4个，分别是北京、广

---

[1] 参见孙莹："我国律师资源分布不平衡，司法部负责人呼吁关注民生"，http://china.cnr.cn/NewsFeeds/201212/t20121216_511572994.shtml，最后访问时间：2016年10月15日。

[2] 参见白阳："律师工作实现全国县级行政区域全覆盖"，新华社2016年3月30日报道：http://news.xinhuanet.com/legal/2016-03/30/c_1118492970.htm

[3] 参见司法部律师公证工作指导司："全国律师队伍发展到27.1万人"，载http://www.moj.gov.cn/lsgzgzzds/content/2015-04/21/content_6053281.htm?node=281，最后访问时间：2016年10月15日。

[4] 参见王旭、李巍涛："2015年北京律师行业发展与管理研究报告"，载殷星辰主编：《北京社会治理发展报告（2015~2016）》，社会科学文献出版社2016年版，第151~161页。

东、江苏和山东。[1]

律师资源的这种区域分布不均衡状况还体现在一个地区的内部。我们不妨继续以《美国律师》在2016年所公布的中国排名前35的律师事务所榜单为例,从实证的角度来分析长三角地区三省一市的律师资源分布现状。这些律师事务所的官网显示,截至2019年11月10日,它们的分支机构布局状况如下表所示:

表10

律师事务所名称	总部所在地	分支机构数量(个)	上海(个)	江苏(个)	浙江(个)	安徽(个)
大成律师事务所	北京	110	1	4	4	1
盈科律师事务所	北京	70	1	13	8	2
金杜律师事务所	北京	16	1	1	1	0
协力律师事务所	上海	20	1	5	1	0
国浩律师事务所	北京	32	1	2	2	0
中伦律师事务所	北京	16	1	1	1	0
德恒律师事务所	北京	39	1	3	3	1
泰和泰律师事务所	成都	14	1	1	0	0
广和律师事务所	深圳	11	0	0	0	0
德和衡律师事务所	北京	68	1	2	1	0
中伦文德律师事务所	北京	17	1	2	1	0

---

[1] 中国司法部:"2019年度律师、基层法律服务工作统计分析",载http://www.moj.gov.cn/government_public/content/2020-06/22/634_3251200.html,最后访问时间:2020年9月19日。

续表

律师事务所名称	总部所在地	分支机构数量（个）	上海（个）	江苏（个）	浙江（个）	安徽（个）
观韬中茂律师事务所	北京	16	1	2	2	0
康信知识产权代理公司	北京	4	0	0	0	0
君合律师事务所	北京	12	1	0	0	0
段和段律师事务所	上海	18	1	1	0	1
通力律师事务所	上海	1	1	0	0	0
锦天城律师事务所	上海	24	1	2	1	1
世泽律师事务所	北京	5	1	0	0	0
敬海律师事务所	广州	8	1	0	0	0
汉坤律师事务所	北京	4	1	0	0	0
竞天公诚律师事务所	北京	7	1	1	0	0
天元律师事务所	北京	7	1	0	1	0
安杰律师事务所	北京	3	1	0	0	0
海问律师事务所	北京	5	1	0	0	0
方达律师事务所	上海	5	1	0	0	0
浩天信和律师事务所	北京	15	1	1	1	1
隆安律师事务所	北京	24	1	4	1	0
天衡联合律师事务所	厦门	2	0	0	0	0
金诚同达律师事务所	北京	10	1	1	1	1
中银律师事务所	北京	25	1	2	2	1
京都律师事务所	北京	5	1	1	0	0
高朋律师事务所	北京	9	1	3	1	1
天达共和律师事务所	北京	5	1	0	1	0

续表

律师事务所名称	总部所在地	分支机构数量（个）	上海（个）	江苏（个）	浙江（个）	安徽（个）
康达律师事务所	北京	15	1	2	1	0
环球律师事务所	北京	3	1	0	0	0

由上表可知：第一，这些律师事务所的总部所在地主要设置在北京和上海，这两座城市拥有得天独厚的政治经济优势和地缘优势。第二，总部不在上海的律师事务所，一般会在上海布局开设分支机构，极少会有律师事务所忽视上海的市场影响力。第三，35家律师事务所中，没有一家将总部开设在另外三省，大多是在它们的省会城市和相对发达城市开设分支机构，其中安徽省是外地律师事务所分支机构的"洼地"，这与该省整体经济社会发展状况有关。

即便在一个省的内部，律师资源分布不均的状况依然存在。比如，2018年江苏省共有律师事务所1882家，大部分集中在经济发达的地区（如市辖区），经济欠发达地区的分布较少。从人数规模来看，江苏省的律师事务所以中小所为主，超过一半的律师事务所人数不足十人。又比如，在安徽省，律师事务所的分布基本上以经济发展情况为标准，主要集中在大城市。安徽省十大律师事务所中的前七名都驻扎在合肥市，其余三所分布在马鞍山市、芜湖市和六安市。截至2018年12月，合肥市共有执业律师3641人，占全省律师总人数的29.23%。为了缓和这一局面，安徽省律师协会不得不派出律师前往欠发达地区工作，以解决区域分布不平衡的问题。再比如，山东省律师的区域分布也很不均衡，各个地级市之间的差距很大，主要聚集在济南和青岛两座城市中。[1]

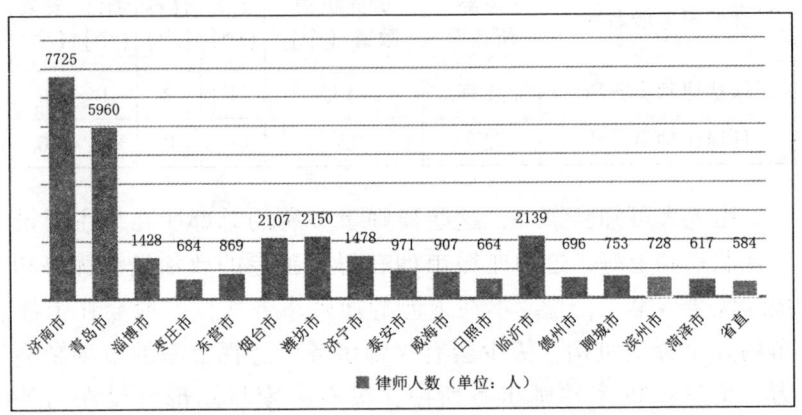

图 1　2019 年山东省律师地区分布状况

由上图可知，2019 年山东省共有 30 460 名律师，其中 13 685 人分布在济南和青岛，占比高达 44.93%。作为欠发达地区的菏泽市，律师人数最少，只有 617 人，而 2019 年底该市的常住人口有 878.17 万人，律师与人口配比为 1∶14 233。同年度，济南市的常住人口为 890.87 万人，律师与人口配比为 1∶1153。

律师资源区域分布不均带来的问题是，律师行业内部的竞争出现结构性失衡，经济发达地区律师逐步饱和，并显现出过度竞争的态势，而同一地区律师收入差距也较大。这些状况的出现，导致了不同地域、不同层级的律师之间难以形成共同的文化认同，律师群体自身职业荣誉感、行业归属感不强。这些都是构建律师工作协同机制过程中，需要面临并着力解决的问题。

实际上，律师聚集于经济社会发达地区和城市是一种正常

---

[1] 参见山东省司法厅、山东省律师协会：《2019 年山东省律师行业发展报告》，第 5 页。

的行业发展规律。比如，美国律师主要集中在华盛顿、纽约等政治经济中心城市，日本的近半数律师集聚在东京。即使在律师数量"严重不足"的中西部地区，情况也是同样如此。总之，对于律师数量和区域分布问题，政府在加强规划和引导的同时，应该更多地关注社会和市场的自然调适作用，遵循律师发展的内在规律，针对不同层次的法律服务需求，设计出多样的法律服务主体和产品。

二、律师规模小和创收差

（一）大型律师事务所较少

在2010年，全国1.72万家律师事务所中，律师事务所规模超过1000人的有2家，超过100人的有28家，50人至100人的有149家，30人至50人的有471家，加起来共有650家。截至2016年3月30日，我国执业律师超过29.7万人，律师事务所超过2.4万家，平均每家律师事务所有12名律师。但即便是在北京市，30人以下的小规模律师事务所仍占到大多数。[1]截至2019年底，全国3.2万多家律师事务所中，10人以下的有2.1万多家，占65.57%；11人至20人的有6860多家，占21.06%；21人至50人的有3420多家，占10.48%；51人至100人的有620家，占1.90%；100人以上的只有320多家，占0.99%。[2]可见，当前大部分律师事务所的律师人数在10人左右，百人以上的大型律师事务所比较少。

---

［1］ 王旭、李巍涛："2015年北京律师行业发展与管理研究报告"，载殷星辰主编：《北京社会治理发展报告（2015~2016）》，社会科学文献出版社2016年版，第151~161页。

［2］ 中国司法部：《2019年度律师、基层法律服务工作统计分析》，载http://www.moj.gov.cn/government_public/content/2020-06/22/634_3251200.html，最后访问时间：2020年9月19日。

中国法律服务市场对外开放机制研究

我们可以再考察一下地方上的情况。到2015年下半年，北京市的律师事务所平均每家拥有12名律师，其中拥有100名以上律师的大型律师事务所约30家，50名以上律师的中大型律师事务所约80家，30名至50名律师的中型律师事务所约有100家，10名至30名律师的中小型律师事务所约有800家，10名以下的小型律师事务所约有700家，个人律师事务所约有300家。总体上，拥有50名律师以下的中小型律师事务所占95%左右。[1] 其各部分所占比例情况如下图所示：

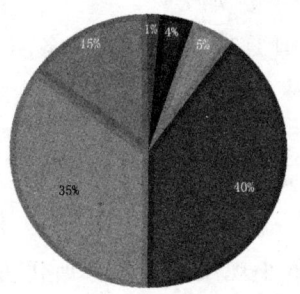

图2　2015年北京市律师事务所人员规模状况

我们再看看广州市的情况。广州市律师协会发布的《广州律师行业发展报告》显示，2015年，广州市律师事务所中人数最少的仅有1名律师，人数最多的律师事务所拥有386名律师，平均每个律师事务所拥有20名执业律师。执业律师人数在100名以上的大规模律师事务所有15家，200名以上的大型律师事务所仅有5家。10名律师以下的律师事务占比例达48.2%；50

---

[1]　参见赵小鲁："律师事务所的大小选择"，载《方圆律政》：http://www.fylz.com.cn/xgxw/201604/t20160427_1784000.shtml，最后访问时间：2016年12月13日。

名律师以下的律师事务所有 393 家,占比高达 90.2%。[1]

总之,即便在中国最发达、最前沿的城市,拥有 50 名律师以上的中大型律师事务所并不多,在该地区律师事务所总量的 10%以内。

我们再看看 1980 年至 2005 年美国律师事务所的规模情况。[2]

表 11

年代 律所规模	1980 年	1991 年	2000 年	2005 年
2 人~5 人	81%	75%	76%	76%
6 人~10 人	12%	13%	13%	13%
10 人~20 人	4%	7%	6%	6%
20 人~50 人	2%	3%	3%	3%
50 人~100 人	1%	1%	1%	1%
100 人以上		1%	1%	1%
律所总量(所)	38 482	42 513	47 563	47 562

从这个表格可以看出,在美国律师事务所中,执业律师人数 10 人以下的小型律师事务所占据了绝大多数,超过 100 人的律师事务所占比很低。但是,美国律师事务所的总量比较大,基数大就意味着数量多。而在中国,2010 年 100 人以上的律师事务所只有 28 家,即便到了 2019 年,100 人以上的律师事务所也只有 320 多家,依然低于美国 20 年前的情况。

---

[1] 林霞虹:"广州律师律所数量全国排第三",载《广州日报》2016 年 5 月 31 日,第 A5 版。

[2] See American Bar Association, *Lawyer Demographics Year* 2016.

（二）律师人均创收有待提高

虽然中国律师行业的总体业务收入在逐年提高，但是律师的人均收入却并不如意，与国际知名律师事务所的差距不小。根据《美国律师》公布的数据，2015年业务收入最高的35家中国律师事务所，其人均创收是18.6万美元，远低于美国百强律师事务所和全球百强律师事务所的人均创收，后两者分别为89.5万美元和80万美元。

中国本土律师事务所之间的人均创收差距也不容乐观。在入榜《美国律师》的35家中国律师事务所中，人均创收最高的是通力律师事务所，为55.97万美元；人均创收最低的是中银律师事务所，为3.42万美元。北京大成律师事务所的人均创收为32.28万美元，比通力律师事务所低了23.69万美元，排名第六。根据《广州律师行业发展报告》的数据，2015年广州市律师行业的人均年收入不到30万元人民币，大成（广州）律师事务所的律师人均年收入约为90万元人民币。可见，律师行业内部的人均收入差距是很大的。

三、涉外法律人才短缺且质量不佳

当前，我国涉外律师业在整体上呈现出规模小、数量少、分布散、业务杂、质量低、经验不足的特点，这导致它们在国际法律服务市场的竞争力比较低，不能适应我国高水平对外开放格局和日益多元化的涉外法律服务需求。[1]究其原因，还需

---

[1] 参见"全国政协召开双周协商座谈会 围绕'建设高素质的涉外法律服务人才队伍'协商议政 汪洋主持"，载http://china.cnr.cn/news/20200418/t20200418_525058158.shtml，最后访问时间：2020年9月19日；"努力造就一支高素质涉外法律服务人才队伍 更好维护国家主权、安全和人民群众利益——全国政协'建设高素质的涉外法律服务人才队伍'双周协商座谈会发言摘登"，载http://www.cppcc.gov.cn/zxww/2020/04/22/ARTI1587515479870225.shtml，最后访问时间：2020年9月19日。

要从人才培养模式、行业准入门槛、实操训练平台等方面切入考虑。

(一)行业准入门槛过低

在欧美国家,律师被视为社会精英,对律师的培养采用的是精英教育模式。基于对法律职业的重视,很多国家都设置了非常高的行业准入门槛。从事法律职业,不仅要有一定的法学教育背景,还要参加通过率非常低的职业资格考试。日本和韩国的司法考试通过率都极低。[1]美国的律师职业资格考试的通过率虽然比较高,但是美国律师行业的准入门槛也非常高,只有毕业于全美律师协会认定的法学院的学生才有资格报名申请,在实际上起到了将一大批人排除在行业之外的作用。总之,在很多国家和地区,法学科班出身和通过法律职业资格考试,是进入律师行业的两大必备条件。

前文提及,中国的律师行业在"文革"时期几乎完全中断,法学院校均遭停办,这一时期法律人才的培养也基本停滞,我国法律服务市场存在着巨大的真空地带。1977年决定恢复高考之后,我国的法学教育才正式恢复。最早恢复法学教育的"五院四系"在20世纪80年代初期为中国培养了大量的法律人才,此后越来越多的高校开始设置法学专业。到2005年底,中国法学院校的数量有559家。[2]随着法律毕业生的增多,法律服务市场的真空地带逐渐被填补,律师队伍的不断壮大确实为我国法治事业的建设和发展作出了非常大的贡献。到2019年底,本科学历的律师有35.33万多人,硕士研究生学历的律师有9.39

---

[1] 参见丁相顺:《日本司法考试与法律职业制度比较研究》,中国方正出版社2003年版,第233~235页。江国华主编:《外国司法制度》,武汉大学出版社2017年版,第230~231页。

[2] 参见陈虹伟:"我国法学院校数量再创新高,如何评估质量专家细说标准",载《法制日报》2006年1月19日。

万余人,博士研究生学历的律师有 6600 余人,本科学历以下的律师有 1.9 万余人。[1]

但是,我们也应看到,过去 30 多年我国法律人才的培养模式较为粗糙,法律行业准入门槛过低。第一,很多大专院校在不具备培养法科学生的条件下,竞相开设法学专业。师资配备跟不上,就由其他非法科的教师或者从其他学校借老师来上课。这种情况下培养出来的毕业生,其质量可想而知。第二,我国律师行业的准入门槛过低的问题已经严重影响了我国律师队伍的整体质量。改革开放以来,我国一直不断摸索如何建立完善的律师行业准入机制。1986 年开始了第一次律师资格考试,1988 年和 1990 年又进行过两次律师资格考试。1996 年建立了司法考试制度,2018 年以法律职业资格考试取代司法考试。在很长一段时间内,没有法学教育背景的非法科人士也可以参加司法考试,通过考试后即可申请获得律师执业资格。作为法律服务的提供者,律师执业不仅需要有丰富的社会实践经验,还应拥有完善的法律知识体系。虽然不排除一些非法科毕业人士即便没有完整的法学教育背景,也可以很好地从事法律业务,但是从整体上讲,完整的法学教育背景在很大程度上可以保证律师的法律服务质量。第三,由于法律行业的培养机制不够完善,许多年轻的律师得不到很好的锻炼机会,导致律师的成长困难,且周期过长。法律行业没有形成良好的产业集中度,资源稀缺且分配不均,组织形态和业务模式相对分散,致使行业难以有规模化的良性发展。

虽然当前我国律师数量与人口的比例还比较低,但是我们

---

[1] 参见中国司法部:《2019 年度律师、基层法律服务工作统计分析》,载 http://www.moj.gov.cn/government_public/content/2020-06/22/634_3251200.html,最后访问时间:2020 年 9 月 19 日。

不能为了发展规模和数量，而忽视了人才培养的质量和律师队伍的整体质量。随着中国法律服务市场的日渐完善，这种粗放型的培养模式和行业准入门槛正在不断显现出弊端，对我国法治事业的发展产生了不良的影响。因此，如何协调好法律人才短缺和法律人才培养质量提升，是我国法律服务市场面临的急需解决的难题。

（二）缺乏实操平台

当前，无论是全球范围内还是在中国境内，涉外律师业务量其实并不饱和。但是，在当前的行业发展中，国际法律业务的吸引力并不高。调研数据显示，即使在规模较大的律师事务所中，从事涉外法律业务的律师人数也并不多。[1]不少留学归来的法学毕业生并没有从事涉外法律事务，而是进入一些收入高、见效快的传统业务领域，如金融、证券、房地产、知识产权等。根据司法部的数据，2019年底在国境外接受过教育并获得学位的律师只有7735人，占47.3万多名执业律师的1.48%。[2]

导致出现这一现象的原因有三个：一是长期以来，国家层面对涉外律师业缺乏政策扶持和配套制度支撑。对于中国律师如何"走出去"，相关政府部门是"有规划、有政策"，但是"无措施"，有的政府部门还持有某种偏见。[3]不过，随着中央对涉外法律人才的重视，这种状况开始有所改观。二是涉外律

---

[1] 参见冷帅等：《中国涉外法律服务业探析（上）》，载《中国律师》2017年第5期。

[2] 中国司法部："2019年度律师、基层法律服务工作统计分析"，载http://www.moj.gov.cn/government_public/content/2020-06/22/634_3251200.html，最后访问时间：2020年9月19日。

[3] 参见冷帅等：《中国涉外法律服务业探析（下）》，载《中国律师》2017年第6期。

师的执业平台比较少。由于行业发展历史短、国际化经验不足、创收压力大、涉外业务开拓成本高等原因，我国专门从事涉外法律服务的律师事务所比较少。一些律师事务所即便设有国际业务部门，也因管理层不重视等原因而形同虚设，没有实际的法律项目，无法对律师的涉外专长进行培养。三是涉外法律业务的从业要求比较高。从事涉外法律业务，不仅需要精通国内国际法律知识，还需要具有较高的外语水平与较丰富的专业服务经验。所以，如何提高外语能力以及如何快速积累涉外法律项目实操经验，是摆在我国涉外律师面前的两大难题。

四、国际竞争力问题——实证视角下中外律师事务所的实力比较

（一）国际排名前100的律师事务所

为了更好地展现中国律师事务所与国际顶尖律师事务所的异同，我们可以从律师事务的存续历史、人员规模、业务收入、人均创收、境外分支机构等方面进行比较。

1. 2015年全球排名前100律师事务所的概况

第一，国别状况。根据《美国律师》在2016年9月16日公布的研究结果，全球排名前100的律师事务所的国别情况是美国75家，英国15家，中国3家[1]，加拿大2家，德国1家，韩国1家，新加坡1家，澳大利亚1家，欧洲CMS律师事务所集团的国别不是很清晰。

---

[1] 中国大成律师事务所（Dentons）和香港孖士打律师行（Mayer Brown）是由中外律师事务所联合而成，具有国际背景，本书将它们视为中国的律师事务所。像这样具有跨国联合而成的律师事务所还有很多，本书将以其总部所在地的国别为准。

第二章 中国律师业的发展变迁及涉外法律服务的现状

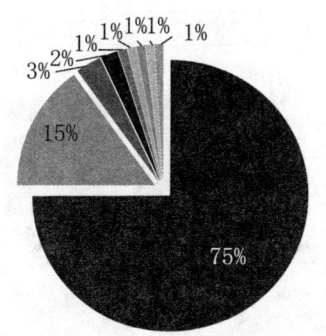

图3 2015年国际排名前100律师事务所的国别

在这一份排名榜单中,美国律师事务所占据了75%,所占比重相当大。这或许是因为榜单的制作方是《美国律师》,它或多或少会更偏重于其本国律师事务所。但是,在综合考察其他几份排名榜单后,我们可以得出这样的结论:在全球排名前100的律师事务所中,来自美国的律师事务所至少要占50%以上,英国名列第二。实际上,我们通过观察外国律师事务所驻华代表机构的国别情况也基本上可以判断出,美国和英国是全球法律服务市场的主要布局者,这两国的律师事务所在实力、规模、品牌、历史积累等方面都是其他国家的律师事务所所不能媲美的。所以,《美国律师》所制作的这份排名榜单大致可以反映出当前的客观状况。

第二,创收状况。在这100家律师事务所中,2015年总收入20亿美元以上的有10家,其中美国4家,英国5家,中国1家;10亿美元以上的有36家,其中美国22家,英国10家,中国3家,欧洲1家。下面通过图表来展现国际排名前10的律师事务所总收入。

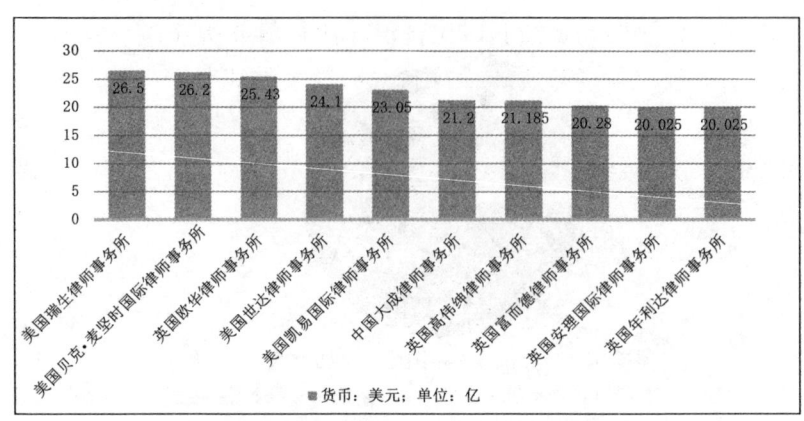

图 4　2015 年国际排名前 10 律师事务所的总收入

第三，规模状况。在这 100 家律师事务所中，拥有 2000 名以上律师的律师事务所有 13 家，其中英国 7 家，美国 3 家，中国 2 家，欧洲 1 家；拥有 1000 名以上律师的律师事务所有 34 家，其中英国 12 家，美国 17 家，中国 3 家，欧洲 1 家，澳大利亚 1 家。

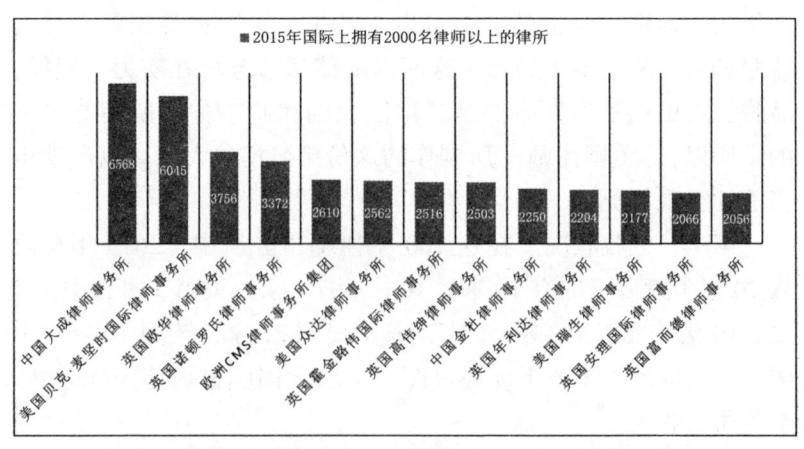

图 5　2015 年拥有 2000 名以上律师的国际律师事务所（单位：人）

通过以上图表可知，与德同国际律师事务所（Dentons）合并后，大成律师事务所成为律师人数最多的律师事务所，达到6568名，比紧随其后的美国贝克·麦坚时国际律师事务所多523名。排列第三、第四名的是英国的欧华律师事务所和诺顿罗氏律师事务所，所拥有的律师分别为3756名和3372名。剩余的9家律师事务所拥有的律师都在2000名到3000名之间。可见，即便在这一梯队的内部，存在的差距也是很大的。

2. 中国律师事务所与国际知名律师事务所的实力对比

通过交叉综合考察《美国律师》《钱伯斯亚太指南》和Acritas的荣誉榜单等排行榜，我们选取了15家在实力、规模、品牌等方面具有国际公认知名度的外国律师事务所作为参考，与中国的一些知名律师事务所进行对比。

第一，存续时间。律师行业的成长和发展需要时间积累。很多实力雄厚、规模巨大、国际知名度高的外国律师事务所都有百年以上的历史，有的比中国律师事务所早出生了200多年。

表12

律师事务所名称	创立年代	总部所在地	备注
富而德律师事务所	1743年	英国伦敦	
高伟绅律师事务所	1802年	英国伦敦	
年利达律师事务所	1838年	英国伦敦	
盛德律师事务所	1866年	美国芝加哥	2001年，创立于1914年Sidley & Austin与创立于1866年Brown &Wood合并成立了盛德国际律师事务所，2006年正式更名为Sidley Austin LLP。

续表

律师事务所名称	创立年代	总部所在地	备注
苏利文·克伦威尔律师事务所	1879年	美国纽约	
史密夫·斐尔律师事务所	1882年	英国伦敦 澳大利亚悉尼	1882年,史密夫律师事务所成立于英国伦敦,该所于2012年10月1日与以悉尼为总部的斐尔律师事务所合并成立了史密夫·斐尔律师事务所。
司力达律师事务所	1889年	英国伦敦	
众达律师事务所	1893年	美国华盛顿	
西盟斯律师事务所	1896年	英国伦敦	
霍金路伟律师事务所	1904年	英国伦敦	
凯易律师事务所	1909年	美国芝加哥	
安理律师事务所	1930年	英国伦敦	
瑞生国际律师事务所	1934年	美国洛杉矶	
世达律师事务所	1948年	美国曼哈顿	
贝克·麦坚时国际律师事务所	1949年	美国芝加哥	

由上表可知,这些外国律师事务所都存续了一个多世纪,有的甚至存在了三个多世纪,这是中国律师事务所不能相比的。中国现代意义上的律师事务所大都产生于20世纪90年代,在此之前多是公办性质的国营律师事务所。在《美国律师》公布的中国排名前35的律师事务所中,存续时间最长的是环球律师事

务所，创建于 1984 年。

表 13

创建年代	律师事务所名称
1984 年	北京市环球律师事务所
1988 年	北京市康达律师事务所
1989 年	北京市君合律师事务所
1990 年	北京市浩天信和律师事务所
1992 年	北京大成律师事务所、北京市竞天公诚律师事务所、北京金诚同达律师事务所、北京市隆安律师事务所、北京市海问律师事务所、北京市天元律师事务所、北京市中伦文德律师事务所
1993 年	北京市金杜律师事务所、北京市中伦律师事务所、北京德恒律师事务所、上海市方达律师事务所、北京中银律师事务所、北京德和衡律师事务所、北京天达共和律师事务所、福建天衡联合律师事务所、上海段和段律师事务所
1994 年	北京观韬中茂律师事务所、北京康信知识产权代理有限责任公司、广东敬海律师事务所
1995 年	北京市京都律师事务所、广东广和律师事务所
1998 年	国浩律师事务所、上海市锦天城律师事务所、上海市通力律师事务所、上海市协力律师事务所、北京市高朋律师事务所
2000 年	四川泰和泰律师事务所
2001 年	北京市盈科律师事务所
2004 年	北京市世泽律师事务所
2005 年	北京市汉坤律师事务所
2012 年	北京安杰律师事务所

当然，存续的时间长并不能代表一定是优秀的，创建的时间短也并不一定是做得差。中国的一些律师事务所在不到30年的时间内发展到可以在很多领域与已经存续百年的大型外国律师事务所同台竞技，说明中国律师事务所一直在不懈努力提升自我。但是，我们也应看到，有些东西确实是需要时间积累，比如律师事务所的品牌口碑、文化传统、人才培养制度等，这些都不是靠复制移植能够建立起来的，而是要靠不断地探索和积累的。比如，英国伦敦五大律师事务所组成了伦敦法律界的"魔术圆圈"（Magic Circle）[1]，它们大都是历史悠久、品牌卓越的百年律师事务所。又如美国的"白头鞋"律师事务所（White-Shoe law firms），它们是位于纽约市和波士顿的服务世界500强公司的顶级律师事务所。实际上，像"魔法圈""白头鞋"这样的称号，其本身就是一种品牌象征。总之，中国律师事务所要赶超外国的一些老牌律师事务所，还需要一些时日。

第二，创收对比。进入排行榜的中国律师事务所有3家，其中北京大成律师事务所（Dentons）和香港孖士打律师行（Mayer Brown）因为与外国律师事务所合并而具有了国际背景，完全来自我国的律师事务所只有金杜律师事务所一家。大成律师事务所创建于1992年，金杜律师事务所建立于1993年，两者迄今都只有二十多年的发展历史，它们能够跻身全球前50名，实属不易。但是，我们需要看到的是，《美国律师》的这份榜单主要以律师事务所在2015年的总创收为排名标准，排名不能只看律师事务所的年度总收入，还应该看到其人均创收状况。

---

[1] 这五家律师事务所分别为：高伟绅律师事务所、年利达律师事务所、安理国际律师事务所、富而德律师事务所、司力达律师事务所。

第二章 中国律师业的发展变迁及涉外法律服务的现状

在全球排名前100的律师事务所中，人均创收100万美元以上的律师事务所共有40家：美国39家，英国1家。美国Wachtell，Lipton，Rosen & Katz律师事务所在2015年的总排名为第45，但人均创收排名为第1。它在2015年的总收入为8.315亿美元，律师数量为261人，人均创收为318.5万美元。排名最后的是中大成律师事务所，人均创收为32.5万美元。中国金杜律师事务所的排名也比较靠后，排在第93位，人均创收为45.5万美元。我们先看一下人均创收全球排名前10的律师事务所情况：

《美国律师》制作的中国排名前35的律师事务所榜单涵盖了中国当前最优秀、最卓越的一批律师事务所，它们是中国律师行业的佼佼者，大部分都具有高度国际化的背景和专业化的团队。即便是这些国内领先的律师事务所，在人均创收方面与国际知名的外国律师事务所比较起来，还是存在不小的差距。在这35家律师事务所中，人均创收低于10万美元的有15家，在10万美元至20万美元之间的有10家。下面通过图表来展现其具体情况：

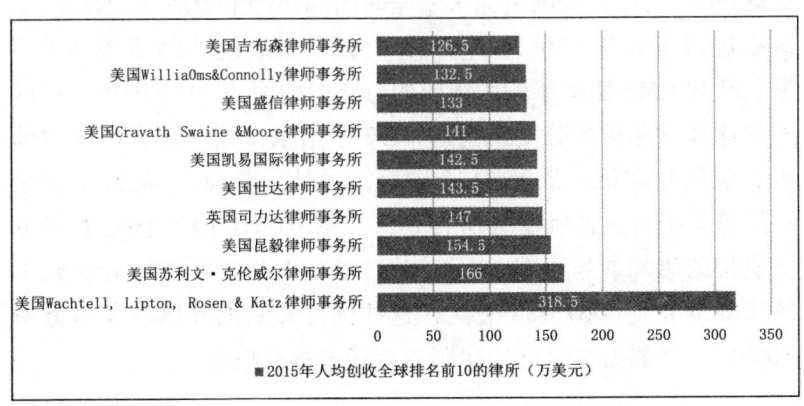

图6　2015年人均创收全球排名前10的律师事务所

前文提及，中国律师事务所的人均创收与国际知名的外国律师事务所相比还是有很大差距的，即便是在国内，律师事务所之间的人均创收差距也是很大。在35家中国律师事务所中，人均创收最高的是通力律师事务所，高达55.97万美元。这个数字在国际上的排名是多少呢？在全球前100的律师事务所中，人均创收排在第86位的是美国的Polsinelli律师事务所，其人均创收为57万美元；排在第87位的是美国的Ogletree, Deakins, Nash, Smoak & Stewart律师事务所，其人均创收为55.5万美元，那么通力律师事务所的人均创收排在两者之间。换言之，2015年中国人均创收最高的律师事务所，在全球人均创收排行榜中要排在第87的位置。这个差距并不算小。

第三，海外布局。前文论及，在衡量一国律师行业的发展程度时，该国律师事务所的海外布局也是重要参考因素。在经济全球化的今天，很多大型外国律师事务所都积极开展海外布局，在世界各地开设分支机构。全球排名前100的律师事务所都在海外进行了布局，其中，大成律师事务所的分支机构遍布全球54个国家，美国贝克·麦坚时国际律师事务所在全球47个国家进行了布局。在30个~39个国家布局的律师事务所有3家，欧洲CMS律师事务所集团的分支机构遍布34个国家，英国欧华律师事务所的分支机构遍布32个国家，英国安理国际律师事务所的分支机构涉及31个国家。另外，在20个~29个国家布局分支机构的律师事务所有8家，在10个~19个国家布局分支机构的律师事务所有20家，在1个~9个国家布局分支机构的律师事务所有67家。总之，这些国际知名的外国律师事务所有条件、有能力在全球法律服务市场进行战略布局。

第二章 中国律师业的发展变迁及涉外法律服务的现状

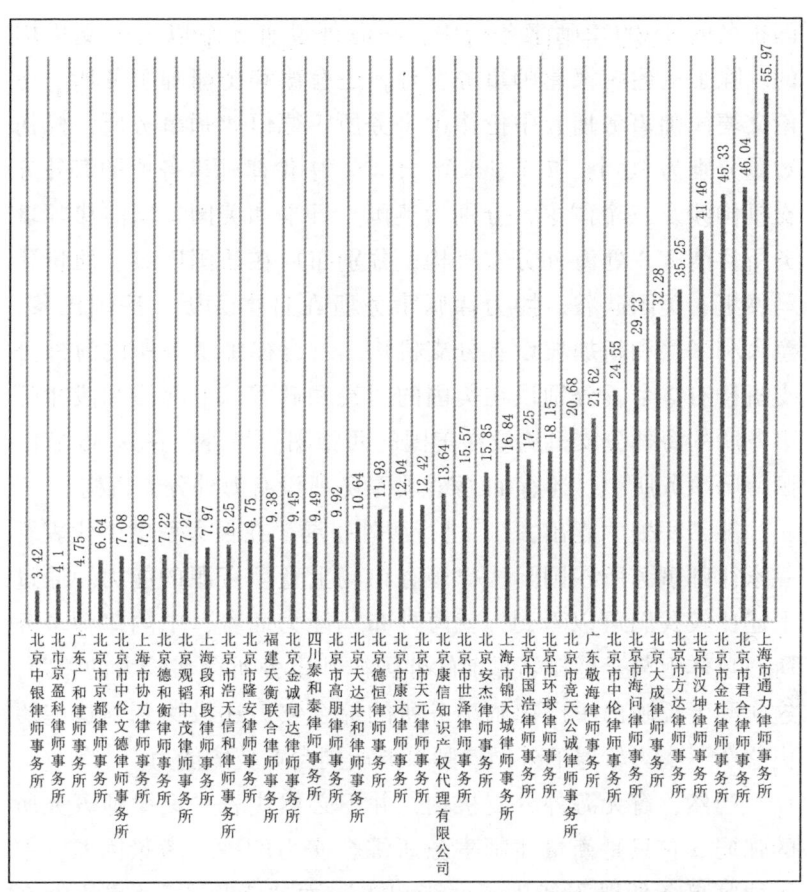

图 7　2015 年中国排名前 35 律师事务所的人均创收情况（万美元）

相比较而言，中国律师事务所的全球布局则相对较少。2015 年，海外分支机构最多的是与外资律师事务所合并后的大成律师事务所，它在全球 54 个国家设置了 90 个分支机构。除了大成律师事务所，盈科律师事务所和金杜律师事务所的分支机构也比较多，前者在海外有 34 个分支机构，涉及 33 个国家和地区；后者在海外有 21 个分支机构，涉及 16 个国家和地区。在中国排名前 35 的律师事务所中，在海外设有 5 个以上分支机构的，除了上述 3 家律师事务所外，还有德和衡律师事务所、中伦文德律师事务所、中伦律师事务所、德恒律师事务所，机构数量分别为 10 个、7 个、6 个、5 个。中伦律师事务所的海外分支机构涉及三个国家，分别为英国、日本和美国。国浩律师事务所目前有 3 处海外分支机构，分别布局在法国巴黎、西班牙马德里、美国硅谷。协力律师事务所在日本大阪、法国巴黎、意大利米兰和新加坡设有分支机构。君合律师事务所的海外分支机构有 2 个，分别设在美国的纽约和硅谷。上海段和段律师事务所的海外分支机构设在美国的西雅图。另外，在这 35 家中国律师事务所中，还有 11 家律师事务所没有海外分支机构。

能否积极"走出去"，进行海外布局，在很大程度上代表了一家律师事务所在国际法律服务市场上竞争资源的能力。通过上述比较我们可以看到，就海外布局能力而言，中国律师事务所在总体上与全球排名靠前的外国律师事务所存在较大的差距，这实际上反映出中国律师事务所的综合实力还没达到与这些历史悠久、实力雄厚的外国律师事务所同台竞技的能力。

当然，有无海外分支机构，并不必然代表一家律师事务所的强弱。它只是衡量律师事务所综合实力的一个考量因素。中国律师事务所既不能为了"走出去"而"走出去"，更不能在自身条件尚未成熟，综合实力还有待提升的情况下，贸然地对外扩张。只有在自身足够强大的情况下，才可以有计划有步骤地进行海外布局。

(二) 技不如人就怨不得别人吗？

经过 40 多年的快速发展，中国法律服务市场日渐成熟，律师事务所和律师队伍不断壮大。以前在讨论涉及国际经贸领域的业务时，很多中国涉外律师只能以"请教"的态度向外国同行学习。如今，中国很多优秀的涉外律师完全可以操着流利的外语与外国同行进行平等的交流沟通，甚至在某些领域已经超越了外国律师。

但是，我们也要看到，中国律师事务所在总体上还是与一些国际知名律师事务所存在着很大的差距，竞争力仍然不够。国际知名律师事务所在品牌建设和制度规范方面是很多中国律师事务所无法企及的。中国律师事务所在律师事务所管理、档案制度、文本制度、收费标准、考核准则等方面都还不如国际大型律师事务所做得专业和规范。比如，根据上海市司法局和上海市律师协会统计的数据，2002年、2010年上海市国内律师事务所的全行业创收分别为人民币13.6亿元和58.14亿元，同期外国律师事务所代表处在沪的业务创收总额分别为人民币3.1亿元和23.02亿元。这意味着上海法律服务业的大半江山被外国律师事务所驻华代表机构占据。总体上讲，目前上海大部分律师处于门槛较低的保民生领域，门槛较高的促发展领域则由少数中国律师和外国律师事务所代表处占据。[1] 又如，近90%的境内企业在境外的投资与并购活动，从交易结构设计到谈判及交易文件起草等各项核心工作均被外国律师掌控。[2]

或许有人会说，中国律师行业自己实力不行，就不要抱怨被外国律师事务所占据优势。正所谓"技不如人，就怨不得别人"。但是，我们需要强调的是，任何事务的成长都是需要时间和机会的。中国律师行业的恢复发展只有40多年，而一些国际顶尖律师事务所均已有百年的历史。只有20多年甚至几年发展

---

[1] 参见盛雷鸣、彭辉、史建三：《中国（上海）自由贸易试验区建立对法律服务业的影响》，载《法学》2013年第11期。

[2] 参见辛红：《委员呼吁制定政策保护中国律师涉外服务》，载《法制日报》2010年3月8日，第06版。

历史的中国律师事务所即使再优秀、再努力，要想赶超早已在业内树立起自己口碑和权威的百年大所，也是需要时日和积累的。培育一个市场就像是培育一棵树，当它还是幼苗的时候，需要进行必要的呵护和关怀，给它足够的空间和养分供它成长，让它有机会扎根发芽并成长到一定的规模。如果不对它采取任何维护措施，听之任之，任由它自生自灭，那么它可能还没生根发芽便被外界扼杀。历史的底蕴除了需要主观的努力，也需要时间的积累。更何况，中国优秀法律人才的培养还有待加强，已经成长起来的一批优秀律师在数量上还比较少，而且分散在各个律师事务所中，难以形成相互协作的团队力量来抗衡国际大型律师事务所。

从根本上说，竞争主体的实力现状是所有问题的根本所在，一国律师业的实力状况决定了它的法律服务市场的对外开放程度。为什么美国、英国的对外开放程度比较高？因为它们的律师事务所足够强大，不惧怕外国律师事务所的竞争。中国律师业尚不具备这样的实力，也承受不了激烈竞争带来的生存压力。因此，对外国律师事务所在华执业进行必要的限制，能够在一定程度上保护中国律师业的成长。不难想象，如果全面对外开放法律服务市场，允许自由竞争和兼并收购，在实力和规模上占有优势的国际顶尖律师事务所会很快占领并主导中国的法律服务市场，国内大量的中小型律师事务所将会面临"无饭可吃"甚至倒闭的前景。这并非是毫无根据的胡乱猜测。在过去几十年里，俄罗斯的法律服务市场高度对外开放，外国律师业可以十分自由地出入该国。这种政策所导致的后果是，俄罗斯法律服务市场的大部分业务，特别是高端商事法律服务，被外国律师事务所占领，俄罗斯本土律师主要从事刑事代理业务，这还是因为俄罗斯法律禁止外国律师涉足该国的刑事诉讼。现在，俄罗斯也在考虑对外国律师业进行一定的限制。

  总之，从现实发展状况来看，自改革开放至今，中国律师事务所只有40多年的发展历史，而一些大型国际律师事务所有上百年甚至几百年的历史，它们在国际法律服务市场上深耕多年，竞争力强大。中国如果骤然大幅度降低或完全撤销涉外法律服务市场的准入门槛，大量实力雄厚的国际律师事务所将会蜂拥而入，这会对正处于成长发展期的中国律师业造成非常大的冲击，不利于中国司法环境的健全和完善。

第三章 CHAPTER 3
中国法律服务市场对外开放的历程与现状

第一节 中国法律服务市场对外开放的历程

一、"入世"前中国法律服务市场对外开放状况

随着改革开放政策的实施,外国企业开始来到中国,随之而来的还有它们的法律服务团队。早在 1978 年,就有美国律师代表美国企业来与中国企业进行商业投资谈判。[1]这一时期,受限于当时的政策,外国律师事务所还不能在中国设置分支机构。[2]但是,市场对外国律师服务的需求却与日俱增,这一方面是因为中外经济交往与合作日益频繁,对法律服务的市场需求不断增大;另一方面是因为中国本土律师事务所还属于国营性质,无法获得外国企业的信任。而且,中国律师的业务水平和实操经验,也无法满足高端市场业务的要求。因此,在 20 世纪 80 年代,很多外国律师事务所改头换面——以投资咨询公司或联络办公室的形式进入中国法律市场。对此,中国的监管部门也是睁一只眼闭一只眼——默许了它们的存在和活动。

到了 20 世纪 90 年代初,我国为了加入 WTO,初步承诺对

---

[1] 参见刘思达:《割据的逻辑:中国法律服务市场的生态分析》,上海三联书店 2011 年版,第 112 页。

[2] 1981 年,外交部、司法部、国家外国专家局颁布了《关于外国律师不得在我国开业的联合通知》([81]司发公字第 287 号)。

外开放包括银行、广告、旅游、法律服务等在内的6个专业服务部门。为开放法律服务市场，我国在这一阶段颁布一系列的法规和政策，包括《司法部关于律师事务所与外国律师事务所建立业务协作关系有关问题的通知》（司发通〔1992〕015号）、《司法部、国家工商行政管理局关于外国律师事务所在中国境内设立办事处的暂行规定》（司发〔1992〕004号）、《外国律师事务所办事处审批、管理工作操作规程》（司发〔1992〕003号）、《司法部关于外国律师事务所在华设立办事处有关事宜的通知》（司发通〔1992〕105号）、《司法部关于我国律师事务所在境外设立办事机构有关事宜的通知》（司发通〔1992〕083号）及《律师事务所在外国设立分支机构管理办法》等。其中适用范围最广、最有影响的是1992年5月司法部和国家工商行政管理局联合发布的《关于外国律师事务所在中国境内设立办事处的暂行规定》（以下简称《暂行规定》），它正式允许外国律师事务所在中国设立"办事处"。

不过，《暂行规定》从组织形式、从业身份、业务范围等方面对外国律师事务所作出了限制性规定。比如，在组织形式方面，外国律师事务所只能以办事处形式在华执业，不得采取咨询公司、商务公司或其他名义从事法律服务活动；外国律师只能在办事处工作，该办事处不得聘任中国律师。在业务范围方面，外国律师能够提供的服务包括：向当事人提供该律师事务所律师已获准从事律师业务的国家的法律和有关国际条约、国际商事法律和国际惯例的咨询；接受当事人或中国律师事务所的委托，办理在该律师事务所已获准从事律师业务的国家的法律事务；代理外国当事人委托中国律师事务所办理在中国境内的法律事务。外国律师不得从事的业务包括：代理中国法律事务；向当事人解释中国法律；中国法律不允许外国人从事的其他业务活动。外国律师事务所来华设立办事处，必须经中国司法部批准，向国家工商行政管理局申请登记，接受司法行政部门检查、监督和管理。确定北京、上海、广州、深圳和海南作为试点城市（地区）。[1]

放开限制后，急于在中国进行战略布局和争夺市场份额的境外律师事务所蜂拥而至。1992年10月20日，我国批准了4家欧美律师事务所在北京、上海和广州设立办事处。[2]根据《人民日报》的报道，1993年5月20日，美国格杰律师事务所驻北京办事处挂牌运营。[3]贝克·麦肯思国际律师事务所也于1993年7月14日在北京设立办事处。[4]到了1993年9月份，已经有41家外国和境外律师事务所在华设立了办事处。[5]这一年，中国的君合律师事务所也将自己的分支机构开到了美国。[6]

二、中国为实现"入世"承诺所做出的努力

中国在《中华人民共和国加入世界贸易组织议定书》中就开放法律服务市场还作了以下承诺：第一，入世一年内取消了"三个限制"，即从2003年1月1日起，取消外国律师事务所驻华代表机构设立的数量限制，取消开办城市的限制，取消一个

---

[1] 司法部：《司法部关于印发〈外国律师事务所办事处审批、管理工作操作规程〉的通知》（司发通〔1992〕003号）。

[2] 司法部：《司法部关于外国律师事务所在华设立办事处有关事宜的通知》（司发通〔1992〕105号）。

[3] 参见牛爱民、董宏君："美国格杰律师事务所在北京设立办事处"，载《人民日报》1993年5月21日，第4版。

[4] 参见毛磊："一家国际律师事务所在京设办事处"，载《人民日报》1993年7月15日，第3版。

[5] 参见毛磊、周立宪："41家外国和境外律师事务所在华设办事处"，载《人民日报》1993年9月7日，第2版。

[6] 参见"君合纽约律师事务所在美开业"，载《人民日报》1993年7月2日，第3版。

外国律师事务所只能设立一个代表机构的限制。第二，允许外国律师事务所驻华代表处及其代表从事不包括中国法律事务在内的下列业务活动：提供母国法律的咨询以及有关国际条约、国际惯例的咨询；办理母国的法律事务；代表外国当事人委托中国律师事务所办理中国法律事务；通过订立合同与中国律师事务所保持长期的委托关系办理法律事务；提供有关中国法律环境影响的信息。第三，降低外国律师事务所驻华代表机构的首席代表、代表的资历要求。[1]

GATS附件九的相关规定都比较原则性，不便于具体操作。为了履行入世承诺，规范外国律师事务所驻华代表机构的设立及其法律服务活动，国务院于2001年底颁布了《外国律师事务所驻华代表机构管理条例》，司法部于2002年颁布2004年修正了《关于执行〈外国律师事务所驻华代表机构管理条例〉的规定》。将相关WTO规则和入世承诺转化为国内法规则在全国范围内实施，大大提高了国内法律服务市场的对外开放水平。现在，只要符合法律规定的条件，外国律师事务所可以在中国任何城市申请设立代表处，且一个外国律师事务所可以在华设立多个代表处。外国律师事务所驻华代表处及其代表的业务范围进一步拓宽，与中国律师的合作方式也更加灵活。

中国司法部每年都会发布上一年度外国律师事务所驻华代表机构通过检验、获准在中国境内执业、提供境外法律服务的公告。根据历年公告和相关新闻报道，我们可以通过图表来展示2002年至2018年期间外国律师事务所驻华代表机构的数量情况：

---

[1] 参见人民网"'中国入世法律文件'附件9：服务贸易具体承诺减让表"，载http://www.people.com.cn/GB/jinji/20020206/664318.html，最后访问时间：2017年5月25日。

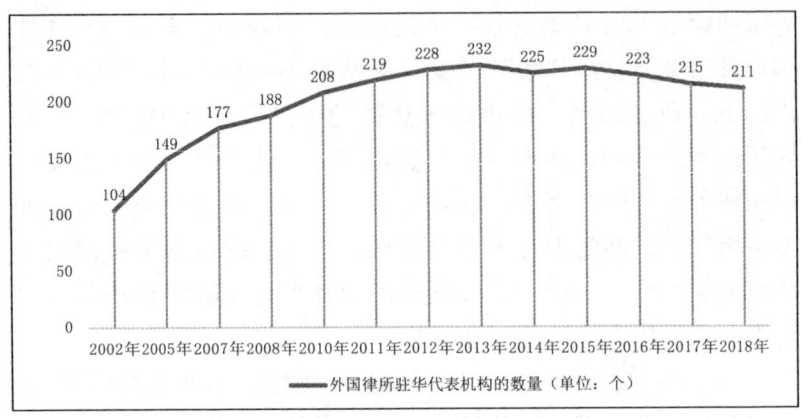

图 8　外国律所驻华代表机构的数量

通过上面的图表可知，外国律师事务所在中国开办代表机构的数量在总体上呈现平稳上升趋势。即便有所变动，幅度也不大，且多是由于相关律师事务所的战略调整或者兼并、破产等原因作出的，而非中国法律和政策上的原因。据加州大学伯克利分校社会和法律研究中心在 2015 年发布的一份报告《The Outpost Office》，在 1992 年至 2012 年的 20 年间，平均每年有 12 个外国律师事务所在中国开设新的代表处，期间只有 25 家律师事务所因为战略原因而退出中国市场。由于合并和破产的原因，平均每年有 7 家律师事务所关闭其在中国的代表处。[1]这说明，中国对于外国律师事务所进入中国法律服务市场所制定的准入标准是稳定可靠的。规章制度的可预期性和政策标准的长期稳定性，吸引了大量有实力的外国律师事务来到中国，并长期驻留。

《美国律师》排出的 2015 年全球前 100 名的 97 家外国律师

---

[1] See Rachel E. Stern and Su Li, The Outpost Office: How International Law Firms Approach the China Market, *Law & Social Inquiry*, Vol. 41, No. 1, 2016, pp. 184-211.

事务所（中国的大成律师事务所排名第6，香港特别行政区的孖士打律师事务所排名第23[1]，金杜律师事务所排名第34）中，有68家在中国设置了代表处，占70.1%；排名前50的47家外国律师事务所中，有42家在中国设置了代表处，占比高达89.36%；排名前30的28家外国律师事务所全部在华派驻了代表机构，占比高达100%。这说明，只要外国律师事务所有足够的实力和能力并且愿意来华设置代表机构，那么中国法律服务市场的大门是向它们敞开的。

三、中国为进一步对外开放法律服务市场做出的尝试

2014年1月27日，中国司法部批复同意上海市司法局提出的《上海市司法局关于在中国（上海）自由贸易试验区探索密切中外律师事务所业务合作方式和机制试点工作方案》（司复〔2014〕3号）（以下简称"司复〔2014〕3号文"），明确了中外律师事务所业务合作方式和机制为两种形式：第一，允许在上海自贸区设立代表处的外国律师事务所与中国律师事务所以协议方式，相互派驻律师担任法律顾问；第二，允许外国律师事务所与中国律师事务所在上海自贸区内实行联营。换言之，通过互派法律顾问、联营的方式，中外的律师可以就某一个具体的跨国法律事务一起提供法律服务。这为中外律师事务所实现提供"一站式"跨法域法律服务创造了良好条件。

---

[1] 排名第23的Mayer Brown包括了中国香港的孖士打律师事务所（Johnson Stokes & Master）。1863年，孖士打律师事务所（Johnson Stokes & Master，简称JSM）创立于中国香港。2007年，该律师事务所与美国律师事务所Mayer Brown合并。自此，The Mayer Brown Practices包括了三个单独的实体，即Mayer Brown LLP，Mayer Brown International LLP和孖士打律师行。新合并后的律师事务所在亚洲被统称为"孖士打律师行（Mayer Brown JSM）"。中国司法部2016年第165号公告将该所的香港部分"JSM（HK）"称为"香港孖士打律师事务所"。

审慎起见，这次试点没有突破中国现有的法律服务市场开放原则，只是在中外律师事务所的业务合作方式和机制方面作出扩大开放的尝试，不涉及外国律师事务所及律师的身份和从业领域的开放。外国律师事务所驻华代表依旧不能解释中国法律，也不能到中国法院参加诉讼。在业务领域上，他们仍然不能从事行政、刑事方面的案件。在互派机制下，外国律师事务所驻华代表不得从事或者宣称可以从事中国法律服务，不得在名义或者实质上成为中国律师事务所的合伙人，不得参与中国律师事务所或者分所的内部管理。在联营机制下，参与联营业务的外国律师事务所及其驻华代表机构、代表和雇员，均不得办理中国法律事务。

随后，北京市奋迅律师事务所与美国贝克·麦坚时国际律师事务所、上海瀛泰律师事务所与英国夏礼文律师事务所、福建联合信实律师事务所与英国霍金路伟国际律师事务所已经走向联营之路。至于"联营"是否将成为中国律师事务所与外国律师事务所合作的主要方式，则需要进一步的观察。这次试点比之前所实施的政策还要开放，这足以说明中国在法律服务市场开放方面所作出的努力。[1]

总之，加入WTO以后，中国在扩大法律服务业的对外开放方面所作出的努力是非常大的。如今"司复〔2014〕3号文"的出台，不仅有利于中外律师事务所在目前法律的框架下进行一定的尝试，为进一步扩大开放积累经验，还为更进一步表明中国一直在为法律服务市场的更大开放作出着自己的努力。

---

[1] 朱宝琛：《贝克·麦坚时国际律师事务所与奋迅律师事务所获核准在上海自贸区设立联营办公室》，载《证券日报》2015年4月15日。

第二节 外国律师事务所在华分布的结构特征

大量有实力的外国律师事务所在中国设置代表机构,是经济全球化和国际贸易发展自由化的必然结果。中国经济的快速发展态势和不断扩大的市场需求,为法律服务机构提供了广阔的发展平台和市场前景。因此,很多外国律师事务所即使在盈利不佳的情况下,也要积极地在中国的法律服务市场进行战略布局。

一、区域分布

目前有 20 多个国家的律师事务所在中国设立了代表机构。根据中国司法部每年发布的上一年度年检公告,2013 年至 2018 年这些代表机构的区域分布情况如下:

表 14

(单位:个)

城市/年度	2013 年	2014 年	2015 年	2016 年	2017 年	2018 年
北京市	91	87	88	85	80	78
上海市	125	124	128	126	123	123
广州市	8	7	7	7	8	6
深圳市	0	0	0	0	0	2
天津市	2	2	2	2	1	0
厦门市	1	1	1	1	1	0
杭州市	1	1	1	0	1	1
大连市	1	1	1	1	1	1

续表

城市/年度	2013年	2014年	2015年	2016年	2017年	2018年
沈阳市	1	1	1	1	0	0
南京市	1	1	0	0	0	0
青岛市	1	0	0	0	0	0

由上表可知：第一，外国律师事务所驻华代表机构主要分布在富庶发达的东部城市，其中93%以上集聚在北京市和上海市。作为中国的政治中心和经济中心，这两座城市拥有得天独厚的政治经济优势和地缘优势。北京是中国的政治中心，金融业和互联网产业十分发达，对外资律师事务所有吸引力。上海是中国首个自由贸易试验区的建设城市，拥有开放发达的经济环境和投资环境，几年来分布在上海市的外资律师事务所代表机构的数量均占在华总数的50%以上。

第二，除了受经济政治因素的影响外，外国律师事务所在华的区域布局还会受到区位因素和历史条件的影响。比如2013年，驻在山东省青岛市的外资律师事务所代表机构为来自韩国的法务法人正道律师事务所。该年度，韩国的律师事务所共在华设置了8家代表机构，其区域分布情况是：北京4家，上海3家，青岛1家。在青岛派驻代表机构，一方面考虑到青岛是中国的开放城市之一，经济发展较好；另一方面还考虑到胶东一带在区位上靠近韩国，韩语在青岛的应用程度要高于其他城市和地区。

第三，外国律师事务所在广东省派驻的代表机构过少。广州、深圳作为中国的一线发达城市，与北京、上海并称为"北上广深"。但是，在外国律师事务所驻华代表机构的集聚方面，它们显然无法与京沪并驾齐驱。历年来，驻扎在广州的外国律师事务所代表机构一直维持在个位数上。而作为中国改革开放前沿城市的深圳，在2018年之前无一家外国律师事务所代表机构进驻。直到2016年5月，美国布林克斯律师事务所才正式向深圳市前海管理局递交了设立驻深圳代表机构的申请材料。[1]到了2018年，深圳已经有两家外国律师事务所的代表机构了。

二、国别特征

为了更为直观地观察外国律师事务所驻华代表机构的国别情况，我们不妨继续以图表的形式来展现相关数据：

表 15

（单位：个）

国别/年度	2013年	2014年	2015年	2016年	2017年	2018年
美国	111	110	110	108	106	102
英国	31	31	31	31	31	30
日本	18	20	21	19	17	17
法国	13	12	12	12	12	12
德国	12	11	12	11	11	10
澳大利亚	9	7	8	8	7	7
韩国	8	7	7	6	6	7
新加坡	7	7	7	7	5	7
西班牙	5	5	6	6	6	6
意大利	5	5	4	4	4	3
瑞士	2	2	2	2	2	2

---

[1] 林清容："深圳引进首家外资律师事务所，市民在家门口可享国际法律服务"，载《深圳特区报》2016年5月24日，第A05版。

续表

国别/年度	2013年	2014年	2015年	2016年	2017年	2018年
荷兰	2	2	2	2	2	2
瑞典	2	1	1	1	1	1
加拿大	2	1	1	1	0	0
比利时	2	1	1	1	1	1
巴西	2	1	1	1	0	0
挪威	1	1	1	1	1	1
毛里求斯	0	1	1	1	1	1
葡萄牙	0	0	1	1	1	0
新西兰	0	0	0	0	1	0
以色列	0	0	0	0	0	1
塞浦路斯	0	0	0	0	0	1
总计	232	225	229	223	215	211

由上表可知：第一，在中国派驻代表机构的外国律师事务所绝大多数来自发达国家。美国、英国、日本、法国、德国、澳大利亚、韩国、新加坡、意大利、西班牙等国家都是经济实力在全球名列前茅的发达国家，这些国家的法治体系和法律服务市场也相对完善，它们有实力、有能力在全球布局自己的律师业。6年中，发展中国家在华设立律师事务所代表机构的只有巴西和毛里求斯，而且数量多数情况下仅为1家，排名垫底。这说明，一国的律师业能否"走出去"，关键在于该国是否有足够雄厚的经济实力和足够成熟完善的法治体系来作为支撑。

第二，美国一枝独秀，英国紧随其后。6年中，美国律师事务所驻华代表机构的数量占总量的比例接近50%。英国稳居第二,且数量稳定。美英两国的数量之和,占外国律师事务所驻华代表机构总量的60%以上。美国律师事务所驻华代表机构的区域布局最为完善,在北京、上海、广州、天津、厦门、杭州都有派驻。英国的律师事务所的驻华代表机构集聚在北京、上海、广州三座城市。这种派驻数量和区域布局,在很大程度上与美、英两国的全球经济实力发达雄厚、法律服务市场的高度成熟完善、跨国公司的数量和规模庞大等情况密切相关。

第三,数年来,在华派驻代表机构最多的外国律师事务所是来自法国的德尚律师事务所,它分别在北京、上海、广州三座城市设置了代表机构。其他外国律师事务所大多只在中国设置一个代表机构,派驻两处代表机构的则多选择设置在北京和上海两座城市。

三、业务布局

跨国律师事务所在其他国家和地区主要从事非诉业务,这是由法律服务的特性决定的。第一,法律服务的经济属性决定了律师会以追逐利润为目的,而非诉业务所能够带来的利润要远高于诉讼业务,所以跨国律师事务所在国际法律服务市场更倾向于从事非诉业务。第二,法律的地域性决定了法律服务具有地域性。跨国律师事务所如果在东道国从事诉讼业务,在语言文字、对法律制度和司法程序的熟悉程度、对东道国风土人情的了解等方面不具优势。因此,它们一般会扬长避短,尽量不从事那些成本高、收益低的业务。第三,法律服务的政治属性主要体现在诉讼案件中。诉讼案件往往会涉及司法主权、社会秩序、公共利益等,大部分国家禁止外国律师在本国从事诉讼业务。

根据《外国律师事务所驻华代表机构管理条例》第 15 条、

第16条和《司法部关于执行〈外国律师事务所驻华代表机构管理条例〉的规定》第32条的规定，外国律师事务所驻华代表机构在大陆只能从事不包括中国法律事务在内的业务活动，不能以律师身份参与诉讼，不得聘用中国律师，聘用的辅助人员不得为当事人提供法律服务。基于这种限制，外国律师事务所驻华代表机构在中国主要从事非诉业务。我们不妨在此列举几家在华派驻了代表机构的外国律师事务所主要从事的业务领域。

表16

律师事务所名称	代表机构所在城市	主要业务领域
英国高伟绅律师事务所	北京、上海	商事领域，包括资本市场、公司并购、银行金融；房地产、税务、劳动法、争议解决等。
美国贝克·麦坚时国际律师事务所	北京、上海	企业并购（M&As）、破产与重组等。
英国史密夫斐尔律师事务所	北京、上海	跨境交易、资本市场、能源资源、项目与基础设施、争议解决等。
美国凯易国际律师事务所	北京、上海	着重为客户处理与中国相关的私募股权并购与基金设立、公开并购、香港资本市场、美国资本市场和债务融资交易以及中国内资实体的境外公司交易等。
美国世达律师事务所	北京、上海	专注于商事法律业务领域，尤其是公司并购业务。

续表

律师事务所名称	代表机构所在城市	主要业务领域
美国众达律师事务所	北京、上海	竞争法/反垄断、国际诉讼和仲裁、知识产权、劳动雇佣法、业务重组与破产等。
美国瑞生律师事务所	北京、上海	为跨国企业、创业公司、投资银行、私募基金、风险投资机构、主权财富基金、政府及其他组织提供法律咨询服务。

在外国企业进入中国和中国企业走向世界的过程中,外国律师事务所都扮演着十分重要的角色。比如,美国凯易国际律师事务所曾为一名中国商人在尼加拉瓜投资500亿美元修建运河提供咨询服务。2014年,美国贝克·麦坚时国际律师事务所为中信金属公司和其他公司联手以58.5亿美元收购秘鲁一个铜矿项目的交易提供了咨询服务。[1]又如,2016年2月,贝克·麦坚时国际律师事务所为中国东方航空公司发行金额为1.8466亿美元的担保债券提供法律咨询。[2]

第三节 中国涉外法律服务市场存在的问题及原因

改革开放以后,外国律师事务所逐渐进入中国,为中国法律服务市场的成长与繁荣作出了贡献。它们的到来不仅给中国

---

[1] 参见"外资律师事务所在华面临本土对手的竞争压力",载《华尔街日报》(中文版)2015年1月27日。
[2] 参见"贝克·麦坚时为东方航空发行担保债券提供法律咨询",载https://hi.online.sh.cn/content/2016-02/24/content_7730682.htm,最后访问时间:2020年9月19日。

法律服务市场带来了新的气息和机遇，也给中国律师行业带来先进的知识体系、法治理念和管理经验。中国法律服务市场现在的主要问题并不是要进一步开放的问题，而是市场规范化的问题。

一、存在的问题

在 WTO 成员国中，法律服务市场的对外开放往往是受到严格限制的，其开放程度是由多方面因素决定的。2001 年中国加入世贸组织之后，外国律师事务所开始大量涌入中国市场。同年颁布的《外国律师事务所驻华代表机构管理条例》规定外国律师事务所驻华代表机构及其代表不能在华从事"中国法律事务"。所以，凡是涉及中国法律的事务，外国律师事务所代表处均不得染指。外国律师事务所在华代表机构不能聘用中国执业律师，更不能兼并或收购中国律师事务所，聘用的助理也不能向客户提供有关中国法律的服务。

但是，在实践中，外国律师事务所通过各种方式规避甚至违反相关禁止规定的行为却大量存在。世界上大多数国家对于外国律师是否可以办理涉及解释该国法律的业务都采取的是谨慎的态度，虽然我国法律明确规定外国律师事务所代表机构及其代表不得从事涉及中国法律事务的活动，但是这些代表机构从事的大量业务在事实上涉及了"中国法律事务"。为了规避法律规定，它们多采用"背后"操作的方式。对于诉讼业务，外国律师事务所代表机构在实际上控制了诉讼或仲裁的整个业务流程，仅在出庭的环节上才使用中国律师。在非诉讼业务上，代表机构及其代表经常起草中国法律意见书、解释合同，提供中国法律的解释、意见和咨询，但是外国律师事务所代表机构对自己实际承办的涉及"中国法律事务"的业务没有最后签署的法律权利。为了规避规定,对于需要出具法律意见书的项目,外国律师代表机构会委托中国律师事务所在文件上代为签字。这样它们的行为在表面上便具有了合法的形式。被委托的中国律师事务所只拿到一小部分的代理费而已。

又如,外国律师事务所驻华代表机构在处理涉及"中国法律事务"的业务时,一般也是由中国本土的法律人才来具体操作,而不是通过来自国外的外籍法律人才。很多外国律师事务所不惜重金挖掘中国的顶尖法律人才,这样的高端法律人才一般是既懂中国法律,又熟稔外国法和国际法,能够掌握一门以上的外语,且拥有一定的人脉资源。对于外国律师事务所这种"挖墙脚"的行为,中国律师事务所一般无能为力,因为很多中国律师事务所在经济能力、文化吸引等方面确实不如外国律师事务所。外国律师事务所代表机构所"插足"的中国法律事务一般都集中在高端业务领域,而这些领域又是中国律师行业争取发展的方向。因此,外国律师事务所驻华代表机构的这些行为在实际上对中国律师行业造成了影响。

面对这些现象,上海市律师协会曾在 2006 年发布了一份简报,总结了外国律师事务所在华的 8 种违法违规情况,并谴责它们这些不正当竞争行为"不仅严重阻碍了中国律师事务所健康公平的竞争发展,而且对我国的司法独立和经济安全已经逐渐构成威胁"。[1]我们在此可以看一下该简报的内容:

(一)大量聘用具有中国律师资格甚至律师执照的"辅助人员"从事法律服务。为了获取这样的人员,外国律师事务所借用其资金优势,已经开始直接从中国律师事务所挖走人才,影响

---

[1] 参见《上海市律师协会简报第 9 期(总第 150 期)》,载 www.lawyers.org.cn/info/87489f4d5e074956b01545be0351ee5f,最后访问时间:2020 年 9 月 19 日。

了中国律师事务所人才的长期培养与积累。根据《条例》[1]规定，只有在境外已经执业满两年的外国律师"代表"才能提供法律服务，而大量在外国律师事务所工作的中国律师并不符合这一条件，只能被视为"辅助人员""不得为当事人提供法律服务"。然而，外国律师事务所大量聘用"辅助人员"从事法律服务，并且直接从中国律师事务所挖走人才，构成了对中国律师事务所的不正当竞争，不利于中国律师事务所长期稳定的积累与发展。

（二）外国律师事务所已经大量地公开地进行明显属于中国法律服务的非诉讼业务，包括适用中国法律的合同文本的起草、解释；通过书面、电子邮件、口头等方式提供中国法律的解释、意见和咨询；直接参加适用中国法律的相关投资、兼并等项目的谈判。

（三）外国律师事务所已经直接开始向当事人提供在中国境内的项目调查、目标公司调查等服务（法律界通常称作"尽职调查"或"审慎调查"）。

（四）外国律师事务所已经实际从事中国境内的诉讼和仲裁业务，实际控制诉讼的整个业务流程，如调查、取证、提供法律意见等，仅仅是在出庭的环节上不得不使用中国律师。

（五）代表委托人向中国政府机关办理登记、变更、申请、备案手续以及其他手续。根据司法部关于执行《条例》的规定，此项服务已经被明确认定属于"中国法律事务"，外国律师事务所不得从事此项服务。

（六）某些外国律师事务所或律师改头换面，通过设立或实际控制中国律师事务所，并以合伙人或顾问的身份从事中国法

---

[1] 本部分"《条例》"是指《外国律师事务所驻华代表机构管理条例》。

第三章　中国法律服务市场对外开放的历程与现状

律服务。

（七）外国律师事务所进行大量的明目张胆违反法律规定的误导性宣传，其核心是其可以从事中国法律服务，甚至自称是某项中国法律的专家。这些违法宣传的手段主要包括网络、名片、各种会议和讲座散发的资料和演讲、专业杂志的报道等。

（八）由于外国律师事务所在华服务的大量收入来源于跨国公司，并借此之便将大量收入截流境外，从而逃避中国的税收和外汇管制。据2004年年度统计，84家驻沪境外所当年业务收入约6.73亿元人民币。许多外国律师事务所驻华代表机构实际所开账单金额远远高于在中国报税的收入额，逃税情况非常严重。

上海市律协还向上海市司法局提交了《关于外国律师事务所驻华代表机构严重违规从事法律服务活动的报告》，恳请上海市司法局"采取坚定有力的措施，依照现行法律法规和WTO协议，并参照国际通行的惯例，对境外律师事务所的违规行为进行约束和规范，实施依法管理"。同时，上海市律协还呼吁社会各界共同关注并参与到整顿、规范和净化上海涉外法律服务市场的行动中来，上海市律师协会的这份简报公布之后，引起了各方的关注，并起到了一定的震慑作用。上海市司法局和上海市律师协会随后开展的一些整治行动，也在很大程度上规范了上海市的涉外法律服务市场。

外国律师事务所驻华代表机构的这些违法违规行为不只存在于上海市。作为中国的另一大外国律师事务所驻华代表机构的集聚地，北京市的涉外法律服务市场也不容乐观。比如，北京市环中律师事务所高级合伙人王雪华等对外经贸领域的律师每年都会向北京市律师代表大会提交关于规范外国律师事务所驻华代表处法律服务业务的报告。[1]

实际上，外国律师事务所这些有违中国法律规定的活动早在20世纪90年代初期便已存在。在中国律师行业改制起步的阶段，中国本土律师事务所还没有能力独立承担投资、并购、金融证券等高端的涉外法律业务。于是，中国的涉外法律服务市场上便出现了一种"外国所干活、中国所签字"的现象，即中国本土的律师事务所几乎成了外国律师事务所驻华办事处的"橡皮图章"。随着中国涉外律师事务所和律师的成长，这种现象一直持续到20世纪90年代中后期才慢慢减少。

二、原因分析

外国律师事务所驻华代表机构及代表违法执业情况大量出现的原因，一方面可归结为外国律师事务所驻华代表机构及代表唯利是图、违法执业隐蔽性强；另一方面也应当归结于监管的法律、法规在内容上不完善，管理体制不合理。

（一）立法方面的原因

1. 立法缺位。《外国律师事务所驻华代表机构管理条例》及《司法部关于执行〈外国律师事务所驻华代表机构管理条例〉的规定》与其他涉及律师事务所或律师管理的行政法规存在脱节。例如《律师和律师事务所违法行为处罚办法》《律师执业管理办法》《律师事务所管理办法》等法规，都没有明确规定该法规是否能够适用于外国律师事务所驻华代表机构及代表。在外国律师事务所驻华代表机构及代表违规执业过程中，许多违规行为只有在中国律师事务所或律师的积极配合下才能进行，而

---

[1] 王丽、冯建红、赵建文："我国涉外法务遭外国律师事务所非法抢滩，本土律师吁加强监管"，载 http://news.jcrb.com/jxsw/201009/t20100910_418198_2.html，最后访问时间：2020年9月19日。

对于这种积极配合的行为，尚无相关处罚规定。

《外国律师事务所驻华代表机构管理条例》及《司法部关于执行〈外国律师事务所驻华代表机构管理条例〉的规定》缺乏对律师事务所之间建立联盟关系的规定。近年来，越来越多的外国律师事务所通过与国内律师事务所建立各种旨在共享客户、技术等资源的联盟关系"曲线"进入我国。一般来说，这种联盟关系虽不共享利润、共担风险，但仍然存在规避我国法律的可能性，有必要事先予以审查。

2. 立法模糊。《外国律师事务所驻华代表机构管理条例》规定外国所驻华代表机构"不得聘用中国执业律师"、不得从事"中国法律事务"，但却可以向客户"提供关于中国法律环境影响的信息"。这个模糊的规定在实践中为外国所的中国业务开辟了新的道路，随着市场竞争的迅速加剧，一些外国所开始大规模聘用中国律师。在外商直接投资等领域，外国所与中国所之间的关系也开始逐渐转变为直接竞争关系。

又如，根据我国法律的规定，涉及我国"三资企业"的相关法律问题应当适用中国法律。但是，由于我国法律赋予了合同签订方协商选择仲裁机构的自由，因此国际上一些著名的仲裁机构便常常成为仲裁协议的首选。这就为外国律师参与中国法律事务提供了机会，在国际仲裁过程中，经常出现外国律师操着外语讨论中国的实体法律问题。由于法律服务的地域性，外国律师对中国法律的理解肯定不如中国律师理解的到位、准确。而有些律师甚至还带着很强的政治色彩和政治偏见来看待中国的法律和法治。仲裁强调保密性，一般不公开进行。中国律师即便参与其中，也不能随意披露仲裁的内容，外界也无从得知中国法律的实施情况，更何况是在外国律师事务所主导包揽的情况下。

(二) 监管方面的原因

根据《外国律师事务所驻华代表机构管理条例》及《司法部关于执行〈外国律师事务所驻华代表机构管理条例〉的规定》的规定，司法行政机关是唯一的监管机关。由于外国律师事务所驻华代表机构及代表的违规执业现象数量多，隐蔽性强，常常披着合法外衣，再加上涉外法律事务具有高度的专业性和复杂性，这让中国的司法行政机关很难进行有效监管和查处。

律师协会虽然有能力协助司法行政机关对这些违规现象进行监管，但是作为行业协会，律师协会不拥有法定的监管权力。并且我国的相关法律法规没有要求在我国执业的外国律师事务所驻华代表机构及其代表加入我国的律师协会。《中华全国律师协会章程》第41条仅规定"经中华人民共和国司法部批准在中华人民共和国设立办事机构的外国律师事务所常驻律师和在内地设立办事机构的香港、澳门律师事务所的常驻律师应当受本会和所在地律师协会的监督、管理"。中华全国律师协会制定的《在华外国律师事务所办事处常驻律师登记办法》第4条也仅仅规定"在华外国律师事务所办事处常驻律师必须进行登记"。

登记与加入具有明显不同的性质，这使得在华外国律师事务所办事处常驻代表并非律师协会会员，不受律师协会管辖，不受律师协会制定的《中华全国律师协会章程》《中华全国律师协会律师执业行为规范》等律师行业自律性规范的约束，我国律师协会不能受理对驻华代表机构及其代表的举报或投诉，也不能对其进行处罚。

三、实证调研：中外态度

(一) 中国本土律师的态度

不可否认，外国律师事务所的到来，带动了中国法律服务业的发展，使中国本土律师的职业素质得到很大提升。但是，外国律师事务所的到来也给中国本土律师业带来了竞争压力，最直接的冲击便是抢占业务。更何况，还有不少外国律所驻华代表机构通过违规经营的方式揽下本该属于中国本土律师做的业务。因此，中国本土律师对外国律师事务所的到来持有一种复杂纠结的态度——既感念它们为中国律师业的成长与发展带来了契机，同时又对它们大量抢占业务的行为感到不满。[1]

那么，基于中国本土律师业还不成熟和保护脆弱产业的考虑，是否构成不能大幅度降低中国涉外法律服务市场准入门槛的有力理由？一些中国律师事务所看似非常有实力了，但是一旦允许外国律师事务所通过"挖墙脚"的方式来冲击它们，它们能否顶得住？

笔者在中伦、锦天城等几家律师事务所调研时，一部分受访对象认为可以进一步扩大中国法律服务市场的对外开放程度。他们认为中国本土律师业已经比较成熟了，不怕外国律师事务所的冲击。当然，也有律师比较客观地指出，在竞争中谋求发展是没有错的，但是应以本土律师业初具规模为前提。中国本土律师业虽然在近些年有了很大的发展，但是如果贸然地对外国律师事务所大幅度地降低市场准入门槛，是否能够承受得住已经存续百年以上的实力雄厚的大型外国律师事务所的冲击，尚未可知。

不过，无论对外国律师业的到来持有何种态度，中国本土律师对我国涉外法律服务市场中存在的诸多不良现象是一致不满的。一些律师指出，中国法律服务市场应该如何对外开放，

---

[1] 参见全海龙："外国律所与国内律所征战20年，从竞争走向合作"，载《方圆》2012年总第328期，http://news.jcrb.com/jxsw/201210/t20121026_972101.html，最后访问时间：2020年9月19日。

以及开放到何种程度，是可以争论甚至批评的。但是，在新的开放政策出台之前，外国律师事务所驻华代表机构应该遵守现行规章制度，不能因为不满现有的开放机制而作出违法违规的行为。还有律师指出，律师如果都不守法，怎么能做好业务？对于是否需要加强对涉外法律服务市场的监管，受访对象大都认为应该采取措施加强监管，不能放任这些不良现象大规模地存在。

至于如何加强对涉外法律服务市场的监管，受访对象大都不太清楚现有的监管机制。当笔者提示，现有的监管机制是司法行政部门全权监管，行业自治组织没有监管权时，受访律师大都认为应该加强行业自治监管，发挥律师协会的作用。一方面，这样可以在减轻行政权力干预市场运转的色彩；另一方面，行业自治组织更为专业、灵活，可以更好地实现监管目的。

（二）外国律师事务所驻华代表机构的态度

上海市律师协会公布了简报之后，一度引起了中外法律服务市场的密切关注。虽然中国政府没有向外国律师事务所发出警告，但是一些外国律师事务所进行了自我审查，并在一定程度上收敛了他们的行为。面对上海市律师协会在简报中的指控，一家美国律所的创始人表示这些指控是确实存在的。但是，他认为这是上海市律师协会出于经济方面的考虑，想通过与外国律师事务所合作或是靠自己来处理更多的涉外法律业务。[1]这实际上是将上海市律师协会的行业监管行为想象成了一种经济利益的争夺行为。

2016年10月到2017年3月期间，笔者围绕中国涉外法律服务市场的监管机制，通过访谈和问卷调查的方式对一些外国律师事务所驻华代表机构和相关工作人员做了调研。

---

[1] 参见白涛："外国律师事务所争夺中国地盘"，载《民主与法制时报》2006年6月5日，第A13版。

受访对象认为，相对于司法行政机关的行政监管，他们更倾向于行业自治组织的监管模式。但是，当问及如果要求外国律所驻华代表机构及其代表加入中国省级律师协会，成为律师协会的"特别会员"时，一部分人认为可以接受以"特别会员"的身份加入律师协会，但前提是中国需要进一步对外开放法律服务市场，给予外国律所驻华代表机构及其代表以"律师事务所"和"律师"的身份。他们认为这样才能理顺法律关系和制度逻辑，实现"名正言顺"。一部分人则持有一种"纠结"的态度，他们认为相对于司法行政机关的监管，以律师协会来监管外国律师事务所驻华代表机构的执业活动，是一种制度上的进步。但是，要求他们加入律师协会则需要从长计议，不应"一刀切"地强制要求加入。还有人认为，要求在华的外国律师事务所驻华代表机构及其代表加入中国的律师协会，反映出中国在加强对涉外法律服务市场的监管。

需要说明的是，受访的外国律师事务所驻华代表机构中工作人员大都比较谨慎，对于加入律师协会后可能产生的效果持有一种观望的态度，他们更关心的是这对于他们的利益会产生什么样影响。

第四节 中国涉外法律服务市场准入政策是否有违 GATS 的规定？

《中华人民共和国加入世界贸易组织议定书》之附件九《中华人民共和国服务贸易具体承诺减让表》之"二、具体承诺"之"A. 专业服务"之"a. 法律服务"规定：

代表处不得雇佣中国国家注册律师。外国代表处的业务范围仅限于下列内容：（a）就该律师事务所律师允许从事律师业务的国家/地区的法律及就国际公约和惯例向客户提供咨询；（b）应客户或中国法律事务所的委托，处理该律师事务所律师允许从事律师业务的国家/地区的法律事务；（c）代表外国客户，委托中国律师事务所处理中国法律事务；（d）订立合同以保持与中国律师事务所有关法律事务的长期委托关系；（e）提供有关中国法律环境影响的信息。按双方议定，委托允许外国代表处直接指示受委托的中国律师事务所的律师。

WTO专家审查结果显示，中国在总体上已经按照WTO协议兑现了法律服务方面的承诺。事实上，中国的法律服务市场的开放程度要远远比WTO协议的规定走得更远、做得更多。WTO协议的规定是合法、合理的，如果中外律师事务所都能够严格按照WTO议定书和中国法律做自己的业务，双方完全可以相安无事。但是，问题就出在某些外国所驻华代表机构并没有按照规定做事，而是大量"抢滩"包含"中国法律事务"的业务。这种行为严重违背了GATS和中国相关法律的规定。

法律服务不同于货物贸易，与其他服务贸易也有很大不同，它是一种非常特殊的服务。加入WTO时，各国的法律服务承诺都比较少。法律服务承诺内容的谈判也都是单独谈、单独确定的，各成员国根据本国的实际情况单独承诺。法律服务承诺不可能像贸易承诺那样，具有很强的普遍性。法律是上层建筑，涉及主权、政治，它开放的范围非常有限。

WTO体制下的法律服务贸易自由化是一个循序渐进的过程，GATS强调的是各成员方应通过连续回合的减让谈判来逐步实现其自由化。一旦成员之间达成自由化协议，则根据最惠国待遇原则，其他所有成员都可享受该协议带来的自由化成果。因此，中国根据在加入WTO时所作出的逐步开放自己的法律服务市场的承诺是无可厚非的,这并不违背 WTO 的相关规则。

可以说,中国一直在为法律服务市场的更大开放作出着自己的努力。尽管相对于美国、英国、澳大利亚等国家和地区,中国法律服务市场对外开放的程度尚有差距。[1]但是,相比于 WTO 大多数的成员方,中国法律服务市场对外开放的时间是及时的,开放的力度和进度也走在了前列。

总之,自改革开放以来,中国一直以积极的姿态融入国际经贸体系中,其法律服务市场也随着经济全球化的发展和改革开放的需要而逐步地对外开放。加入 WTO 以后,中国在扩大法律服务市场的对外开放方面所作出的努力是非常大的,不仅积极制定相关政策法规,履行入世承诺;还在实践中不断探索,尝试新模式,积累新经验。

---

[1] 参见杨建锋:"上海自贸区法律服务业的开放与监管创新",载《WTO 经济导刊》2014 年第 12 期。

第四章 CHAPTER 4
涉外法律服务市场准入机制的域外镜鉴

在 WTO 框架下，各个服务业的实际开放程度取决于各成员在市场准入具体承诺表上的承诺。在 GATS 市场准入的具体承诺表上，法律服务在一百多个具体服务部门中排在第一位。由于法律服务的特殊性，各个国家和地区的法律服务市场对外开放幅度各有不同，特别是在外国律师事务所分支机构的设立和业务范围方面，都设置了程度不一的准入门槛。本章选取了世界上一些具有代表性的国家和地区，对它们的涉外法律服务市场准入机制进行系统的研究，以期能够对我国有所镜鉴。

第一节 发达国家和地区

一、美国

美国是国际法律服务市场的主要参与者，美国律师事务所在全球法律服务市场"攻城略地"多年。即便在英国这样的老牌法律大国，都有一百多家美国律师事务所开设了分支机构。[1]由上面章节中的数据可知，国际排名前 100 的律师事务所有 75% 来自美国。在中国，外国律师事务所驻华代表机构近

---

[1] See Robert Millard, Colonising London: The US law firms that are conquering the London legal market, 5th January 2016, mollercentre：https：//www. mollercentre. co. uk/insights/colonising-london/. 最后访问时间：2017 年 5 月 4 日。

50%来自美国，其数量数年来一直维持在一百家以上。雄厚的经济实力、规模化的经营模式、优秀专业的人才资源等，都为美国律师事务所在全球竞逐业务资源提供了基础和条件。美国积极拓展国际法律服务市场，一方面是因为法律服务的大量出口可以促进其本国对外经济贸易的发展；另一方面是因为美国律师在政治领域的参与度比较高，有着很高的政治地位，他们是积极推动美国律师事务所走向全球、督促美国打开其他国家法律服务市场大门的重要力量。[1]

(一) 美国法律服务市场的开放时间和过程

美国原本不允许外国律师在其国内执业，直到1971年才开始允许居住在美国的外国人通过律师资格考试取得美国律师资格。纽约州制定了《外国法律顾问执业规定》，是最先允许外国律师以法律顾问的身份进行注册并执业的州。[2]

与世界上其他国家规定律师事务所是提供法律服务的主体不同，美国要求提供法律服务的主体必须是自然人。所以，根据对WTO所承诺的服务贸易减让表，美国只允许自然人在其国内提供法律服务。不过，外国律师事务所可以通过在美国设立分支机构的方式进入该市场，并享有与美国律师事务所相同的权利，包括雇佣美国律师和外国律师。[3]外国律师事务所雇佣美国律师或者与美国律师合伙时，需要受到州法院、美国律师协会的监督。此外，在承诺表"跨境提供""境外消费"和"自

---

[1] [日] 川村明："二十一世纪的律师国际化和WTO、OECD的律师服务自由化"，鲍荣振译，载《中国律师》1997年第8期。

[2] 参见徐国忠编著：《中国律师制度与实务》，同济大学出版社2006年版，第33页。

[3] 参见中国商务部：《国别贸易投资环境报告（2010）》，第165页；《国别贸易投资环境报告（2012）》，第174~175页；《国别贸易投资环境报告（2013）》，第113页。

然人存在方式"项下,美国均没有承诺,只是在"商业存在方式"上规定遵循水平承诺。但在备注中,美国承诺按照各州规定允许使用自己公司名称、允许雇佣本地律师,并规定了与当地律师事务所的伙伴关系。[1]

需要注意的是,按照联邦和州的权力划分,美国律师的管理权限隶属于各州。美国律师协会的《律师职业责任示范法典》和《律师职业行为示范规则》只是具有示范作用,不具有强制规范效力,需要经各州批准后方能发挥管理作用。各州对自己辖区内的律师业有完全的管理权,从行业准入(如资格考试、执业证书的颁发)到执业活动监管再到违规处罚,一般都由各州的法院和律师协会负责。外国律师的准入和管理,也由各州自主负责。这意味着,美国联邦政府在 GATS 中就法律服务所作的承诺,只有经各个州在立法和实践中遵照执行,才能最终落到实处,否则就等于一纸空文。所以,在 GATS 的承诺表中,美国联邦政府直接列举了各州的具体承诺内容。[2]

在 GATS 生效之后,美国境内只有包括纽约州在内的 16 个州实行了有限度的对外开放政策,允许外国律师以法律顾问的身份在该州提供服务法律活动,其余州则坚持闭关自守。以纽约州为例,根据规定,该州允许外国律师事务所聘用本地律师、与本地律师事务所合作或合伙,允许外国人参加本州律师资格考试,并在获得资格后作为本州律师执业。但是,外国律师在

---

[1] 参见 WTO 网站,http://tsdb.wto.org/simplesearch.aspx.

[2] See Documents of GATT, The Uruguary Round Schedule of Specific Commitment, WTO Website:https://docs.wto.org/dol2fe/Pages/FE_Search/FE_S_S006.aspx?Query=(@Symbol=%20gats/sc/*)%20and%20(%20@Title=%20united%20states%20)%20or%20(@CountryConcerned=%20united%20states)&Language=ENGLISH&Context=FomerScriptedSearch&languageUIChanged=true#. 最后访问时间:2020 年 9 月 19 日。

第四章　涉外法律服务市场准入机制的域外镜鉴

纽约州获得法律顾问资格需满足一定的条件：第一，年满26周岁；第二，在母国获得律师资格，且有3年以上从业经历；第三，品行良好，经申报纽约州高等法院批准后方可注册取得执照。同时，纽约州还对外国律师在该州的从业作出了一些限制，比如，只能担任法律顾问、提供有关本国法律咨询的服务，不能在美国开展律师业务，不能在美国法院出庭，不能从事有关不动产产权、管理遗产或有关婚姻的法律事务。而且，他们不能以纽约州律师协会会员的身份从事工作，但必须要遵守该律师协会有关律师行为准则的规定。[1]

总之，美国各州根据各自的经济发展需要和律师业发展状况来决定外国律师服务的准入和待遇，所以各个州的规定各有不同。2014年1月，美国首席法官会议（Conference of Chief Justices）通过一项决议，督促各州接受美国律师协会多辖区执业委员会（Commission on Multijurisdictional Practice）建议的五种外国律师准入方式，美国各个州考虑是否要接受。下面通过表格来展现美国各州对这五种外国律师准入方式的接受情况：[2]

---

[1] See Sydney M. Cone, *International Trade in Legal Services: Regulation of Lawyers and Firms in Global Services*, Little, Brown and Company, 1996, Chapter 4. 参见贾午光、何敏："国际法律服务业的发展趋势与中国法律服务业的进一步开放"，载《环球法律评论》2001年第4期。

[2] See Laurel S. Terry, Admitting Foreign-Trained Lawyers in States Other than New York: Why It Matters, *Bar Examiner*, Vol. 83, No. 4, 2014, pp. 38-49.

表 17

各州情况	外国法律咨询监管	外国律师临时执业	外国律师出庭参与诉讼	外国律师成为公司内部法律顾问	自2010年起外国律师申请成为美国律师
州数（个）	33	8	16	14	32
州名（英文缩写）	AK AZ CA CO CT DE DC FL GA HI ID IL IN IA LA MA MI MN MO NH NJ NM NY NC ND OH OR PA SC TX UT VA WA	CO DC DE FL GA NH PA VA	CO DC GA IL ME MI NM NY OH OK OR PA TX UT VA WI	AZ CO CT DE GA IN KS NC PA TX VA WA WI WV	AL AK AZ CA CO CT DC FL GA HI IL IA LA ME MD MA MI MO NV NH NY OH OR PA RI TN TX UT VT VA WA WI
规范	《美国律师协会职业行为示范规则》（2006年版）	《美国律师协会外国律师临时执业示范规则》	《美国律师协会外国律师参与诉讼示范规则》	《美国律师协会外国律师成为公司内部法律顾问示范规则》	美国律师协会未作出统一规范。多辖区执业委员会未作出相关建议。参见各州的具体规定。

我们不妨再以国际律师协会发布的《全球法律服务贸易与监管报告（2014年）》为依据，具体介绍美国一些州的法律服务市场开放政策。[1]

---

[1] See International Bar Association, "IBA Global Regulation and Trade in Legal Services Report 2014," pp. 493-709, http://www.ibanet.org/PPID/Constituent/Bar_Issues_Commission/BIC_ITILS_Committee/The_Regulation_of_International_Legal_Services.aspx.

第四章 涉外法律服务市场准入机制的域外镜鉴

表 18

州名	外国律师事务所准入	外国律师准入	服务范围限制
亚拉巴马州	不允许	不允许	无
阿拉斯加州	1. 允许外国律师事务所在该州成立商业代表机构，提供外国法和国际法的咨询服务。 2. 在美国 WTO 承诺的范围内，①外国律师事务所和律师可以雇佣该州律师；②允许该州律师与外国律师合作。	1. 在取得执照后，可以在该州以外国法律顾问的身份提供服务，但是从事的业务范围受到较多限制。必须使用"法律顾问"的名衔。 2. 可以取得该州的律师执照，但是需要满足一系列的教育、考试等条件。	未对外开放领域：境外短期法律服务、仲裁、调解、出庭。
亚利桑那州	1. 允许外国律师事务所在该州成立律师事务所。 2. 外国律师事务所和律师可以雇佣该州的律师，但需要满足一系列的条件。 3. 该州律师事务所可以雇佣外国律师。 4. 允许该州律师与外国律师合作。	1. 可以在该州注册成为外国法律顾问，但是需要满足一系列的条件。 2. 可以取得该州的律师执照，但是需要通过该州的律师资格考试，或者提供符合该州相关标准的考试成绩证明。	未对外开放领域：仲裁、调解、出庭。
阿肯色州	不允许	1. 不允许从事外国法律咨询、顾问服务。 2. 可以获得该州律师执照，获取条件与美国人相同。	1. 可以从事仲裁、调解业务。 2. 不允许从事境外短期法律服务。

续表

州名	外国律师事务所准入	外国律师准入	服务范围限制
加利福尼亚州	1. 允许外国律师事务所在该州开设分支机构。 2. 在美国WTO承诺的范围内，①外国律师事务所和律师可以雇佣该州律师；②该州律师事务所和律师可以雇佣外国律师；③允许该州律师与外国律师合作。	1. 允许从事法律顾问工作，但是仅限于提供与国际法和外国律师母国法相关的法律服务。不允许从事与第三国法律和加利福尼亚州法律相关的业务。 2. 允许获得该州律师执照，但是需要通过该州的律师资格考试，并拥有规定的教育背景。	禁止事项：境外短期法律服务、与劳动和国际事务无关的仲裁、出庭。
马萨诸塞州	1. 允许在该州开设分支机构。 2. 该州律师事务所和律师可以雇佣外国律师。 3. 允许该州律师与外国律师合作。 4. 未对外国律师和律师事务所可否雇佣该州律师作规定。	1. 在取得有期限的许可证后，可以从事外国法、国际法方面的法律咨询。需要遵循马萨诸塞州法院的职业道德要求和法律行为规范。 2. 允许获得该州律师执照，但是需要通过该州的律师资格考试，并拥有规定的教育背景。	禁止事项：境外短期法律服务。未对可否从事仲裁、调解、出庭作明确规定。
密歇根州	1. 对律师事务所未另做特殊规定。允许法律顾问成立机构。	1. 允许从事法律顾问工作，但是仅限于提供与外国师母国法、融入其母国	1. 禁止事项：境外短期法律服务。

第四章 涉外法律服务市场准入机制的域外镜鉴

续表

州名	外国律师事务所准入	外国律师准入	服务范围限制
	2. 在美国WTO承诺的范围内，①外国律师事务所和律师可以雇佣该州律师；②该州律师事务所和律师可以雇佣外国律师。 3. 允许该州律师与外国律师合作。	法中的国际法相关的法律服务。不允许从事与第三国法律和密歇根州法律相关的业务。 2. 允许获得该州律师执照，但是需要通过该州的律师资格考试，并拥有规定的教育背景。	2. 未对可否从事仲裁、调解、出庭作明确规定。
新泽西州	1. 对律师事务所未另做特殊规定。允许法律顾问成立机构。 2. 在美国WTO承诺的范围内，①外国律师事务所和律师可以雇佣该州律师；②该州律师事务所和律师可以雇佣外国律师。 3. 允许该州律师与外国律师合作。	1. 可以作为外国法律顾问在该州提供服务，但是需要符合一定的条件，而且业务范围受到了非常严格的限制，如不能作为律师出庭，不能代理抵押、租赁案件等。 2. 不允许获得该州的律师执照。	禁止事项：境外短期法律服务。 未对可否从事仲裁、调解、出庭作明确规定。
内华达州	不允许	不允许	无
佛罗里达州	1. 对律师事务所未另作特殊规定。允许法律顾问成立机构。	1. 可以作为外国法律顾问在该州提供服务，但是需要符合一定的条件，而且业务范围受到了	1. 有条件地允许从事仲裁和调解业务。

· 109 ·

续表

州名	外国律师事务所准入	外国律师准入	服务范围限制
	2. 在美国 WTO 承诺的范围内，①外国律师事务所和律师可以雇佣该州律师；②该州律师事务所和律师可以雇佣外国律师。 3. 允许该州律师与外国律师合作。	非常严格的限制。 2. 允许获得该州律师执照，但是需要通过该州的律师资格考试。	2. 不允许出庭。
宾夕法尼亚州	1. 对律师事务所未另作特殊规定。允许法律顾问成立机构。 2. 该州律师事务所和律师可以雇佣外国律师。 3. 允许该州律师与外国律师合作。 4. 未对外国律师事务所和律师可否雇佣该州律师作规定。	1. 在取得执照后，可以在该州作为法律顾问。需要遵守该州法律，并在其母国有良好执业记录。 2. 可以申请成为该州的律师，但是需要满足下列条件：①在国外完成了法学教育；②有良好的执业记录；③在过去 8 年中，有 5 年执业经验；④必须在美国律师协会批准的法学院校内，完成指定学科的 30 个学分。	基本不允许外国律师在该州出庭。

由这两份表格可以看出，美国各州对外国律师可否进入该州法律服务市场持有不同的态度和政策，它们法律服务市场的对外开放程度各有不同。有的州直接禁止外国律师事务所和律

师进入该州,有的州虽然比较开放,但是准入门槛却很高,有很多隐性的限制条件,这实际上阻挡了外国法律服务业者进入该州法律服务市场。

(二) 外国律师在美国从业的方式

1. 以美国律师的身份提供服务。外国律师如果想取得美国律师的身份,必须先取得美国律师职业资格。需要满足的条件包括:必须具备各州规定的学历和专业要求,参加并通过律师资格考试,符合律师职业的道德品质要求等。[1]美国不限制外国公民参加其本国的律师资格考试,一方面可以广纳优秀人才资源,提升其自身的行业竞争力;另一方面也可以此要求其他国家开放法律服务市场。

2. 以外国法律顾问的身份提供服务。无论是在美国律师事务所工作还是在外资律师事务所工作,外国律师业务范围都是被严格限制的,只能作为外国法律顾问(Foreign Legal Consultant)提供法律咨询服务。每个州对授予外国律师以"外国法律顾问"的资格规定了不同的条件,但都要求申请者通过该州的资格考试。到2013年,美国有31个行政辖区允许外国法律顾问提供法律咨询服务,但是具体的规则各不相同。在一些州,外国法律顾问只能就与其律师资格授予国相关事务提供咨询意见;而在另外一些州,却允许其就国际法或者第三国法律提供建议。在与当地律师的关系上,除个别州禁止合伙外,大多数允许外国律师以外国法律顾问身份执业的州都允许外国法律顾问与当地律师合伙,或雇佣当地律师。其他州因不承认外国法律顾问,也就不存在外国法律顾问与当地律师的关系问题。除此之外,还有其他的一些不同的限制条件,如新泽西州要求外国法律顾

---

[1] 卢成燕:《国际律师服务贸易法律制度研究》,法律出版社2006年版,第118页。

问必须与新泽西州律师联合工作,并由该名新泽西州的律师对其负全部责任。而在北卡罗来纳州,外国法律顾问禁止成为律师事务所合伙人,并要求本州律师对其进行监督。[1]

(三) 美国法律服务市场对外开放机制的特征

总览前端,美国法律服务市场并非如其宣传和外界想象的那么开放,其法律服务市场对外开放机制呈现出以下几个特点:

1. 在开放程度上,区域性差异较大。有的州开放水平较高,如纽约州、哥伦比亚特区;有的州虽然允许外国律师进入本州,但管制严、限制多;有的州则规定,除非取得该州律师执业证书,以当地律师的身份执业,否则不允许外国律师在该州提供服务。

2. 外国律师的执业范围受到巧妙的"隐性限制"。美国一些州虽然允许包括外国律师在内的外国人参加该州的律师资格考试,获得律师执业证;也允许外国律师事务所在该州设立分支机构,并可以雇佣美国律师和外国律师。但是,外国律师(无论是在美国律师事务所工作还是在外资律师事务所工作)的业务范围却受到严格限制。比如,外国律师只能作为"外国法律顾问"(FLC)提供法律咨询。在2012年之前,这种"外国法律顾问"受到很多限制,不仅被要求应具有3至5年的从业经历,还被规定不得从事有关诉讼、不动产交易、遗嘱、信托、婚姻家庭等利润大案源多的业务,只能从事其母国或美国之外的法律事务,这样可以最大限度地保障美国法律服务市场和产业稳定。[2]

---

[1] 参见中国商务部:《国别贸易投资环境报告(2012)》,第174~175页;《国别贸易投资环境报告(2013)》,第113页。

[2] 参见[韩]罗胜福:"中国开放法律服务市场之我见",载《中国律师》2001年第1期。

二、加拿大[1]

与美国相似，加拿大的律师业也主要是由各个省和地区的法律协会来负责规范和监管，所有的法律协会都是作为国家监管协调机构的"加拿大法律协会联盟"（Federation of Law Societies of Canada）的成员。因此，外国律师可否进入加拿大，以什么形式进入，对律师事务所的名称有何规定，需要办理什么许可手续，外国律师在律师事务所的持股比例是否有限制，加拿大律师可否与外国律师合伙，加拿大律师或律师事务所可否聘请外国律师等事项，都由各个省来规定。近些年，一些加拿大律师事务所与英、美两国的律师事务所合并，成为国际法律服务集团的一部分。

加拿大在1995年加入WTO，在GATS中对外国法律顾问（仅就外国法和国际公法提供咨询服务）事项作出了承诺。外国律师在加拿大某一省执业，必须注册为外国法律顾问，允许从事的业务范围则由各个省来具体规定。只有不列颠哥伦比亚省允许外国律师在没有许可证的情况下"自由出入"。外国律师可以获得签证来加拿大拜访客户或进入市场，但不能执业。计划在加拿大停留少于6个月的律师，如果不打算进入加拿大劳务市场，并且可以证明其主要营业地、收入来源地、营业利润产生地等都在加拿大境外，那么可以获得商业签证。根据北美自由贸易协议（North American Free Trade Agreement），美国和墨西哥的律师于加拿大在推广其法律服务方面具有更大的灵活性。加拿大允许外国律师参与仲裁和调解，但在任何情况下都不允许外国律师在法庭出庭。

---

[1] See International Bar Assoctation, "IBA Global Regulation and Trade in Legal Services Report 2014", pp. 92-135.

外国律师可以获得加拿大的律师执业资格，但需要满足一定的条件。除了魁北克省以外，外国律师申请其他省的执业资格证，必须先向加拿大国家认证委员会提出申请，以评估其资格和经验。国家认证委员会规定了申请人必须达到的教育和执业标准，以便考虑纳入法律协会。申请人一旦满足了这些条件，必须按照与加拿大国内毕业生相同的程序进行录取。魁北克省也有类似的程序，由魁北克 Barreau du Québec 负责执行。

总之，加拿大各省对外国律师从业有着不同的要求。整体上，获得许可证的外国律师，被允许以"外国法律顾问"的名义提供法律意见，但只能就其母国法律向加拿大公民或居住在加拿大的外国人提供咨询，不允许涉及加拿大的法律，更不允许外国法律顾问起草、修改或制订法律文件等。[1]

三、欧盟

欧洲各国法律服务市场的开放经历了漫长的过程。1957年成立欧洲经济共同体的《罗马条约》曾要求各签约国相互开放法律服务市场，但是许多成员国以律师业涉及国家公权力为由拒绝开放。直到20世纪70年代，各成员国才根据欧共体法院的判决逐步开放法律服务市场。20世纪90年代以来，在欧盟律师协会督促下，各成员国加快了法律服务市场的开放步伐。[2]《律师服务指令》《文凭指令》《永久执业指令》以及一系列欧共体法院判例，为欧盟成员国之间法律服务的自由流动提供了制度

---

[1] 参见中国商务部：《国别贸易投资环境报告（2009）》，第102~103页；《国别贸易投资环境报告（2010）》，第120页；《国别贸易投资环境报告（2011）》，第127页。

[2] 参见洪亮："浅谈德国律师制度"，载《上海律师》2012年第11期。

第四章　涉外法律服务市场准入机制的域外镜鉴

保障。[1]

欧盟的法律服务市场实行的是"双轨制"开放模式，即欧盟成员国的法律服务在其贸易区内部已经实现了极大的自由化，欧盟成员国的律师享有到其他成员国自由设立机构提供法律服务的权利。具体而言：第一，在欧盟成员国内部，一国律师经过登记后，可以在任何其他成员国提供服务，可以雇佣或受雇于东道国律师或其他成员国律师，可以与东道国律师或其他成员国的律师合伙执业或建立联合机构。第二，在业务范围上，与东道国的律师几无差别。第三，在东道国执业达到一定的期限、符合一定的条件后，可申请成为东道国的律师；即使不符合规定条件，也可以申请能力测试，通过后取得东道国律师的身份。第四，如果既没有在东道国登记也没有成为东道国律师，则可以根据1977年指令进入另一成员国提供临时性的服务。[2]

但是，对于非欧盟成员国的律师，欧盟的成员国只承担在GATS承诺范围内的开放义务。[3]根据中国商务部历年发布的《国别贸易投资环境报告》可知，欧盟成员国各自对专业服务进行规定，都设置了细致而复杂的标准，虽然存在着较大的差异，但都不同程度地限制专业人员流动和市场准入。[4]具体而言包括：

---

[1] 参见卢成燕："论欧盟律师服务贸易自由化"，载《华中科技大学学报》（社会科学版）2004年第2期。

[2] 参见卢成燕："论欧盟律师服务贸易自由化"，载《华中科技大学学报》（社会科学版）2004年第2期。

[3] 参见李可："GATS框架下粤港澳法律服务自由化问题浅析"，载《澳门法学》2013年第1期。

[4] 参见中国商务部：《国别贸易投资环境报告（2009）》，第196页；《国别贸易投资环境报告（2010）》，第239页；《国别贸易投资环境报告（2011）》，第235页；《国别贸易投资环境报告（2012）》，第255页；《国别贸易投资环境报告（2013）》，第187页。

第一,职业资质的限制。一般说来,律师要在欧盟成员国执业,都需要获得相应国家的律师职业资格。如果已获得某一欧盟成员国的律师职业资格,那么在另一欧盟成员国执业则相对容易。欧盟成员国对服务提供者的职业资质都制定了很高的准入标准,要求法律服务提供者的大学教育年限和从业经验在5年以上,并必须通过专业考试,成为该国专业协会会员。一些欧盟成员国对律师的国籍作出限制。例如奥地利、塞浦路斯、希腊、匈牙利、立陶宛、马耳他、斯洛文尼亚,要求拥有欧盟国籍才能参加该国的律师资格考试,而该资格是在欧盟及其成员国进行法律执业的必备要求。比利时和芬兰要求拥有欧盟国籍才能从事法律代理服务。外国律师事务所在欧盟设立分支机构也受到各欧盟成员国具体的限制,比如在匈牙利,外国律师需要与当地律师签订合作协议才能提供法律咨询服务。严格的条件和要求,使大多数外国律师很难取得欧盟成员国的律师职业资格。

第二,业务范围和准入数量的限制。很多欧盟国家仅允许外国律师提供有关其母国法律和国际公法的咨询服务,禁止他们从事有关欧盟及其成员国或者第三国的法律业务,有的国家甚至不允许外国律师从事有关国际法的服务。部分成员国基于人口统计和地理数据设置数量限制,包括限制外国法律服务提供者的总量和地理距离等。

第三,服务定价的限制。欧盟在法律服务领域的收费并未完全自由化。尽管成员国不再制定官方价格,但有些国家还是对法律服务的费用制定了最低价格或建议价格。奥地利、德国和意大利对法律服务费用制定了最低价格,比利时、法国、希腊和西班牙对公证费用设定了最低价格,意大利、拉脱维亚限定了法律服务的最高价格,奥地利、比利时、法国和德国限定了公证费用的最高价格，奥地利、比利时、葡萄牙和西班牙对律师和公证人提出了价格建议。

四、英国[1]

英国是现代律师制度的起源地，律师在英国的社会生活和经济发展中发挥着重要作用。[2]英国加入WTO时，相较于其他欧盟成员国，对外国法律服务业者的准入限制最少，所作出的承诺呈现框架化，比如，它在GATS中承诺，允许拥有大学学历和专业资格以及在法律领域有3年专业经验的律师在英国执业。目前，英国法律服务市场完全对外开放，英国欢迎外国律师到英国执业。外国律师申请到英国执业，不会受到太多限制，而且所需办理的手续很简单。英国律师可以雇佣外国律师，也可以与外国律师合伙。外国律师在英国既可以解释其母国法律和国际法，也可以解释英国的法律。2013年底，伦敦有来自40多个国家的200多家外国律师事务所。[3]

外国律师在英国执业的方式有两种：一是以本国律师的名义执业，提供有关其母国法的法律服务；二是经过资格认定后，以英国律师的身份执业。[4]前一种方式又分为两类情况：第一类情况是不用登记的外国法律顾问，这一类外国律师可直接在英国提供法律服务，不需要经过审批，也不需要办理手续或获

---

[1] 本部分主要介绍的是英格兰及威尔士的法律服务市场开放状况。需要说明的是，2020年1月31日，英国正式脱离欧盟。鉴于本书写作过程中，它尚属于欧盟成员国，所以本部分仍将它放在"欧盟"框架下。

[2] 参见王进喜："美国律师业：历史与现状"，载《中国律师》2005年第9期。

[3] See International Bar Association, "IBA Global Regulation and Trade in Legal Services Report 2014", p.481.

[4] 参见刘振宇："考察英国法律服务市场对我国入世后律师业发展的思考"，载《当代法学》2002年第1期。

得执照。不过，他们在申请进入境时，需要获得英国移民局颁发的工作许可和英国内务大臣的同意函。此类律师的业务范围比较狭窄，只能从事与其母国法相关的咨询服务，不能与英国律师合伙，也不得雇佣英国律师。第二类情况是登记的外国律师（Registered Foreign Lawyers，RFL），这一类律师需要满足一系列的条件，比如，须来自被认可的司法管辖区，母国律师协会证明其执业行为良好，母国律师协会允许其与英国律师合伙，在母国拥有3年以上的执业经历等。此类律师在英国执业的方式比较灵活，能够从事的业务范围较大，但不能从事保留给英国律师的业务，如代理当事人出庭、提供遗嘱和产权转让等方面的法律服务等。[1]

作为欧盟成员国时，英国对来自欧洲经济区国家（European Economic Area）[2]和瑞士的律师和律师事务所给予一定的特殊待遇，他们可以就英格兰和威尔士的法律、外国法和国际法提供法律咨询，可以成为英格兰和威尔士的律师或大律师。而来自其他国家和地区的外国律师，其业务范围受到了一定的限制，比如，不能从事一些与英国法律相关的事务。在出庭方面，经英国律师的引荐，欧洲经济区国家和瑞士的律师可以直接在英国法院出庭。而非欧洲经济区国家和瑞士的律师可以申请以临时律师的身份在英格兰和威尔士处理特定案件，但是需要提供证据材料来证明该律师符合以下条件：一是具有良好的品格和声誉，二是至少3年的持续出庭经历，三是没有因为犯罪或职业不当行为而被禁止在其母国执业或被暂停执业，四是具有专

---

[1] 参见卢成燕：《国际律师服务贸易法律制度研究》，法律出版社2006年版，第134~135页。

[2] 欧洲经济区成员包括欧盟成员国、挪威、冰岛和列支敦士登。

业资质证明。[1]

如果外国律师事务所不从事英国律师的保留业务，也不与英国的出庭律师或事务律师分成，则不办理执照也可在英格兰和威尔士开设分支机构，其执业范围也不受限制。如果外国律师事务所希望与英国律师合伙，并从事保留给英国律师的业务，则需要申请获得英国律师业监管局（Solicitors Regulation Authority, SRA）颁发的机构认证牌照。另外，英国没有针对外国律师事务所的名称作出特殊规定。但需要注意的是，某些词语是受到特殊"保护"的，比如，在英格兰和威尔士，外国律师事务所不能在自己的名称中使用"Solicitors"这个词，否则可能构成违法，除非业务活动中包含英国律师并受到英国律师业监管局的监管。[2]

英国之所以能够完全对外开放其法律服务市场，与英国律师业的成熟度、律师制度的完善度和一些先天竞争优势有着密切的关系。第一，上文论及，英国是现代律师制度的起源地，很多律师事务所都有上百年甚至几百年的历史，这些历史悠久、实力雄厚的大型国际知名律师事务所，在专业化、规模化等方面已经达到了非常高的程度。英国完全开放其法律服务市场，非但不必担心其本国律师业受到冲击，反而能够吸引更多优秀的外国法律服务机构和法律人才来英国服务，这样可以进一步巩固它在国际法律服务市场上的垄断地位。第二，作为普通法系的发祥地，很多英国本土的习惯、判例、法律规范都演化成为国际规则的重要内容。更何况，英语是当今世界上的最为通

---

[1] See International Bar Association, "IBA Global Regulation and Trade in Legal Services Report 2014", pp. 480-482.

[2] See International Bar Association, "IBA Global Regulation and Trade in Legal Services Report 2014", pp. 482-484.

用的全球语言之一。这些都构成了英国律师业的先天竞争优势。

五、德国

德国法律服务市场的开放是一个循序渐进的过程。德国从本国的实际情况出发，坚持循序渐进地开放本国法律服务市场，经历了25年的适应期。即便到了2001年，外国律师事务所在德国设立还是有一定难度的，因为德国实行有限制的开放。[1]

德国法律服务的开放程度和监管措施和欧盟大体相同，实行"双轨制"模式。第一，对于来自欧盟成员国、欧洲经济区国家和瑞士的律师事务所和律师，德国给予特殊待遇。这些国家和地区的律师可以在德国从事关于德国法、外国法律和国际法方面的法律服务，在某些情况下可以取得德国律师职业资格，也可以与德国当地律师联合出庭。欧洲经济区成员国的律师在德国连续工作3年，并持有证明，通过审查后，即可获得德国律师的职业资格，其业务范围与德国本土律师无异。第二，非欧盟成员国、欧洲经济区国家和瑞士的律师在德国执业，其业务范围相对较狭窄。1995年加入WTO时，德国承诺允许来自GATS签署国（非欧盟成员国）的律师在德国执业，但仅能从事有关其母国法和国际公法（不包括欧盟法）的法律事务，不能从事保留给德国律师的业务，不能到法院出庭，可以参与仲裁和调解。非欧洲经济区国家的律师在德国执业，需要经过完整的国家资格审查。他们需满足的条件包括：拥有法学本科学位，已经获得律师职业资格，有3年以上执业经验等。德国司法部对外国律师是否达到了与德国律师相当的资质水平进行审查，符合条件者，由德国相关地方的律师协会授予执业资格证书和

---

[1] 参见王江："德国法律服务业开放的管窥和启示"，载《德国研究》2001年第3期。

协会会员资格。非欧盟成员国的外国律师只能成为唯一执业者或合伙人。[1]

外国律师在德国从事法律服务的方式有两种：一类是以"法律顾问"的名义。这在德国《法律服务法》中有规定。要获得这种名义上的许可，需要通过相关服务领域的考试，比如要在德国从事买卖法领域的服务，就要通过这个领域的专业考试。法律顾问不能在德国法院出庭，只能在法院外服务。外国律师在德国从事法律顾问工作相对容易很多，只要证明自己有专业能力和善良本质并遵守当地法院的有关规定，就可向当事人提供法律咨询。[2]一类是以"律师"的名义。要求必须参加一个能力测验，但参加该测验的前提是拥有欧盟成员国的国籍并完成法律教育，该法律教育要跟德国第二次国家考试的水平相当。如果主要法律教育不是在欧盟国家完成，则需要3年的律师执业经历，且该执业为欧盟成员国许可和承认。这主要是在《欧盟律师德国执业法》中规定的。[3]

另外，外国律师事务所可以在德国设立分支机构，没有配额限制、数量限制和地域限制。但是，外国律师事务所进驻德国，需要获得德国相关地方律师协会的授权和许可，并加入当地律师协会。外国律师事务所采用公司形式或有限责任形式时，必须在当地法院登记注册。允许德国律师事务所和律师聘用外国律师，也允许外国律师事务所和律师聘用德国律师。德国律师可以与来自欧洲经济区成员国、WTO成员国的律师进行合伙。

---

[1] See International Bar Association, "IBA Global Regulation and Trade in Legal Services Report 2014", pp. 201-204.

[2] See Gesetz über außergerichtliche Rechtsdienstleistungen (Rechtsdienstleistungsgesetz-RDG).

[3] See Gesetz über die Tätigkeit europäischer Rechtsanwälte in Deutschland (EuRAG).

截至2013年,德国约有50家~60家外国律师事务所,分别来自美国、英国、加拿大、荷兰、中国等国家。[1]

六、法国

法国开放其法律服务市场的历程比较特殊,是一个由开放走向封闭的过程:先是对外国律师业者放任自由,然后经历20世纪70年代和20世纪90年代两次律师制度变革后,逐渐提高准入门槛,最后要求外国律师需通过特殊考试,成为法国律师。[2]当然,与欧盟大多数成员国和德国所采取的"双轨制"模式相似,外国律师业者在法国的地位和境遇,因其是否来自欧盟、欧洲经济区国家或瑞士而大为不同。

法国对来自欧盟成员国、欧洲经济区国家以及瑞士的律师和律师事务所给予特殊待遇,他们可以在法国就其母国法、国际法、欧盟法、法国法提供法律服务,可以申请成为法国律师。除了出庭时必须由法国律师引荐外,再无其他特殊约束。欧盟成员国和欧洲经济区国家的律师可以在法国各地的律师协会注册成为"永久执业律师",享有与法国律师同等的执业资格,能够以其母国律师的身份或者法国"法律顾问"的名义在法国长期或临时执业,业务范围不受限制。当然,他们需要同时遵守母国和法国的律师职业规范,并保证足够的专业赔偿保险。在法国"临时执业"的欧洲经济区国家律师,可以在法国的民事法院出庭,但必须先与该法院司法辖区内的法国律师进行合作,且该律师须是当地律师协会的成员。欧洲经济区国家和瑞士的

---

[1] See International Bar Association, "IBA Global Regulation and Trade in Legal Services Report 2014", pp. 203-205.

[2] 参见卢成燕,《国际律师服务贸易法律制度研究》,法律出版社2006年版,第135~138页。

律师有两个途径取得法国律师职业资格：一是满足国籍要求后，在法国"有效地、经常性地"从事3年以上有关法国法的实务，申请者可不参加任何考试，直接向注册登记机构递交材料，申请成为法国律师；二是根据相关规定，参加法国有关部门组织的同等能力测试，获得法国律师职业资格。[1]

其他国家和地区的律师也可以在法国取得"法律顾问"的身份，但其执业范围受到较大限制，且不能获取法国律师资格，也不能出庭诉讼，可以进行仲裁和调解。这些外国律师如果想在法国取得永久执业资格，需要满足以下几个条件：第一，其母国要与法国有互惠性协定；第二，通过法国相关部门组织的同等能力测试；第三，申请成为法国律师协会的成员；第四，须具有法学本科学历以及完成相关课程，需要注意的是，并非所有的外国大学学位都被承认；第五，虽然没有居住要求，但是注册时需要提供一个保存相关文件的职业地址。例外情况是，根据法国律师协会和加拿大魁北克律师协会的协议，法国和魁北克互认对方的律师身份。在完成一次法律道德考试（口试）后，加拿大魁北克律师可以获得法国律师职业资格。[2]

外国律师事务所可以在法国设立分支机构，没有配额限制、数量限制和地域限制。欧盟成员国、欧洲经济区国家和瑞士的律师可以在执业过程中使用其在母国律师事务所的名称，可以与法国律师或律师事务所建立合伙关系，也可以雇佣法国律师。但是，非欧盟成员国的律师和律师事务所不允许以自己的名义在法国设立分支机构，不得与法国律师建立合作关系，也不能

---

[1] See IBA International Bar Association, "Global Regulation and Trade in Legal Services Report 2014", pp. 190-196. 参见阎兰：一个参照：法国法律服务市场的开放，载《环球法律评论》2001年第2期。

[2] See International Bar Association, "IBA Global Regulation and Trade in Legal Services Report 2014", pp. 190-196.

雇佣法国律师。法国律师或律师事务所可以直接雇佣来自欧盟成员国、欧洲经济区国家和瑞士的律师，如果想雇佣来自其他国家和地区的律师，则该律师必须获准在法国执业。截至2013年，来自美国、英国、德国、西班牙、加拿大、印度等国家的60多家律师事务所进驻法国，其中大多数位于巴黎。[1]

在英美律师业强势扩张的情形下，法国一度成为英美大型律师事务所、大陆小型律师事务所、隶属于大型会计事务所的律师事务所"三方混战"的"受害者"。[2]法国后来在涉外法律服务市场准入方面的举措，在一定程度上较好地保护了其本国律师业。

七、日本

目前，日本的法律服务市场基本上完全开放了，但是其开放过程却是缓慢而循序渐进的。日本基于国内法律服务市场保护的需要，一直抵制外国律师在日本设立分支机构，对外国律师服务的准入限制十分严格，将外国律师的业务限制在较狭窄的范围内。[3]截至2013年底，日本大约有40家至50家外国律师事务所，分别来自美国、英国、中国、挪威、爱尔兰、法国、意大利、瑞士、荷兰和澳大利亚等国家。[4]

（一）日本法律服务市场对外开放的历程

迫于欧美诸国的压力，日本国会于1986年5月23日通过了

---

[1] See International Bar Association, "IBA Global Regulation and Trade in Legal Services Report 2014", pp. 190-196.

[2] [日]川村明："二十一世纪的律师国际化和WTO、OECD的律师服务自由化"，鲍荣振译，载《中国律师》1997年第8期。

[3] 参见[日]江口拓哉："日本法律服务市场开放状况"，载《环球法律评论》2001年第2期。裘索：《日本国律师制度》，上海社会科学院出版社1999年版，第155~157页。

[4] See International Bar Association, "IBA Global Regulation and Trade in Legal Services Report 2014", p. 256.

《关于外国律师办理法律事务特别措施法》,有条件地允许外国律师在日本从事与外国法相关的法律服务,但对外国律师及其服务的限制十分严格。[1]加入WTO时,日本就其法律服务市场的开放问题在GATS中作出承诺,比如,服务必须由自然人提供,并且需要有商业存在;如果在日本以外国律师身份提供法律服务,则每年必须在日本居住180天,并具有商业行为。随后,日本对《外国律师办理法律事务特别措施法》进行了适当修改,主要涉及外国律师与日本律师联合执业的问题。对于此次修改结果,美国和欧盟并不满意,它们要求日本进一步开放其法律服务市场。[2]1998年5月,日本又对《关于外国律师办理法律事务特别措施法》进行了修改,如将"5年专业经验"的期限要求改为"3年专业经验"等,但是这些变动与美国和欧盟的要求仍有距离。日本法律服务市场的开放过程大致如下:

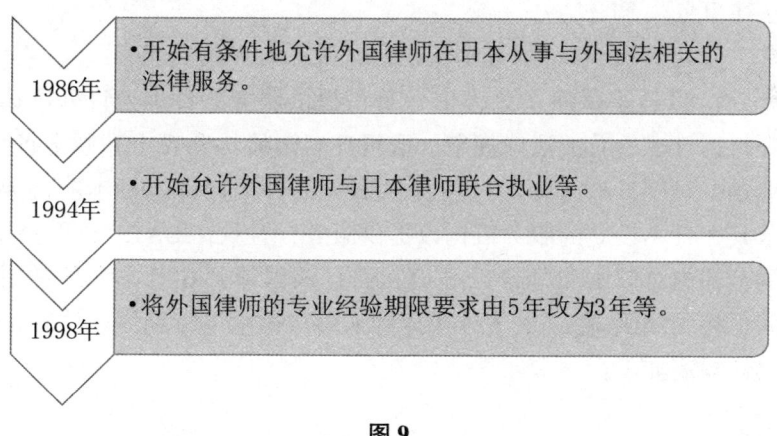

图9

---

[1] 参见裴索:《日本国律师制度》,上海社会科学院出版社1999年版,第155~157页。

[2] See Sydney M. Cone, *International Trade in Legal Services: Regulation of Lawyers and Firms in Global Services*, Little, Brown and Company, 1996, 13.3.2.

2012年，日本开始考虑通过立法放松对外国律师的限制，允许外国律师在日本境内设立分支机构等。[1]2019年，日本政府确定了《外国律师办理法律事务特别措施法修订案》。根据该修订案，在日本律师协会注册登记所必需的3年执业经验当中，在日本执业的年数从原来的1年扩大到2年。该修订案放宽了作为国际调停代理人的"外国法事务律师"的必要条件，外国律师也可以与日本律师设立联合事务所。另外，外国律师在日本律师协会注册登记成为"外国法事务律师"后，就可以在日本开展其获得律师资格所在国法律的相关业务。[2]

日本对外开放其法律服务市场的过程中，一直坚守这样几项原则：一是互惠对等，外国律师可以在日本执业的前提是，其母国也允许日本律师进入；二是外国律师必须加入日本律师协会，接受该协会的指导和监督；三是外国律师不能涉足日本法律事务。[3]

（二）外国律师在日本提供法律服务的方式

1. 以日本律师（弁護士）身份提供服务。日本允许外国律师根据日本的有关法律规定，取得日本律师（弁護士）执业证。但是，对以日本律师的身份提供服务的外国律师，日本明确要求其在日本设立的服务机构以提供服务，且只在GATS水平承诺的范围内对该国律师予以开放，而且该国律师在日本居住的时间也将受到限制。《关于外国律师从事法律事务特别措施法》的具体规定如下：

---

[1] 参见中国商务部：《国别贸易投资环境报告（2013）》，第209页。

[2] 参见"便于执业 修改外国律师特别措施法"，载《日本东方新报》2019年10月19日报道，http://www.livejapan.cn/home/home_ headLines/20191019/22664.html，最后访问时间：2020年9月8日。

[3] 参见李可："GATS框架下粤港澳法律服务自由化问题浅析"，载《澳门法学》2013年第1期。

第四章 涉外法律服务市场准入机制的域外镜鉴

在互惠原则下，外国律师在母国执业3年以上的，经日本律师协会审核批准，可以在日本设立办事处，但应写明其取得执照的国家并只能称之为"外国法律事务律师"。

外国律师不能就日本法律问题提供咨询，不能在日本法院出庭，也不能与日本律师联合开业或雇佣日本律师；可以从事其本国的、国际仲裁案件的、第三国的法律业务以及除日本诉讼业务或行政程序之外的法律事务。

外国律师可以与5年以上执业年限的日本律师，以办理诉讼代理等之外的法律事务进行合伙（第三次修改允许外国律师处理涉外法律案件的有关诉讼业务），但必须向日本律师协会报告一定的事项。外国律师应向日本律师协会登记，受其监督。

中国、韩国、新加坡等亚洲国家律师可参加日本司法考试，其他国家律师一般不能申请取得日本律师资格。考试合格者可以授予日本律师资格。

2. 以外国法律顾问的身份提供法律服务。在业务范围上，外国法律顾问只能提供有关其律师执业资格证授予国法律和国际法的咨询服务，也可以在日本参与仲裁，只要该仲裁适用的法律是允许外国法律顾问涉足的业务领域。同时，日本对外国法律顾问的从业范围作了限制。外国法律顾问在日本不能从事的业务包括：

第一，代理出席法庭或其他政府机构的司法程序，以及为这些程序准备法律文件；第二，就颁发其律师执业证的国家法律以外的法律包括日本法、第三国法和没在该国生效或已经失效的国际法提供咨询意见；第三，代办有关公证事务；第四，有关下列案件的服务活动，该案件的主要目的是为了使在日本的房地产权、工业产权、矿产权或其他需要在日本政府机构登记才产生的权利得以取得、丧失或变更。[1]

外国律师事务所可以在日本独立运营,也可以与日本律师合伙运营。一家外国律师事务所只能在日本开设一个分支机构,不得采取有限责任形式。律师事务所名称的使用不受限制,但应参照 GJB(WTO 承诺)的规定。对外国律师在律师事务所中的持股比例不作限制。注册的外国律师可以通过其所属的外国律师事务所雇佣日本律师,日本律师和律师事务所可以雇佣外国律师。[2]

(三)日本法律服务市场对外开放机制评析

第一,虽然日本在 2012 年开始放松对外国律师的限制,允许外国律师在日本境内设立分支机构等,[3]但是依然对外国律师设有多种限制。比如,外国律师在日本申请成为外国法律顾问,需要有 3 年执业经验,但并不把该律师所有的执业时间都计算在内,且注册程序过于冗长;限制日本律师与外国律师合伙从事国际法律服务;外国法律顾问不能就非诉纠纷解决提供服务,不能在日本境内代理国际非诉讼纠纷案件。[4]

第二,虽然外国律师可以取得日本律师资格,在日本提供法律服务,其业务范围与普通的日本律师相同。但是,根据日本《律师法》的相关规定,外国律师或外国人基本上很难成为

---

[1] See International Bar Association, "IBA Global Regulation and Trade in Legal Services Report 2014", pp. 255-256.

[2] See International Bar Association, "IBA Global Regulation and Trade in Legal Services Report 2014", pp. 257-258.

[3] See IBA Global Regulation and Trade in Legal Services Report 2014, p. 257.

[4] 参见中国商务部:《国别贸易投资环境报告(2010)》,第 264 页;《国别贸易投资环境报告(2011)》,第 255 页;《国别贸易投资环境报告(2012)》,第 280 页;《国别贸易投资环境报告(2013)》,第 209 页;《国别贸易投资环境报告(2014)》,第 160 页。

日本律师。日本虽然没有对参加司法考试者作出国籍限制,但作为司法修习生则必须要具有日本国籍,而司法修习是取得日本律师资格的必经程序。可见,日本《律师法》的规定使其作出的相关承诺不可能得到兑现。[1]此外,日本司法考试的通过率极低,竞争异常激烈,平均每个考生要考5次以上才有可能通过。[2]日本人尚且如此,遑论外国人呢?所以,即使日本兑现其承诺,外国人取得日本律师资格的概率也极低。

第三,与美国和欧盟多数国家相比,外国法事务律师在日本从事的业务范围是十分狭窄的,外国法律顾问的业务范围仅限于从事有关其母国法和在该国生效的国际法的咨询服务。在与日本律师的关系上,外国法律顾问可以与日本律师建立联合执业机构,但不得雇佣日本律师,不得与日本律师合伙。通过限制外国律师与日本律师的联合执业,日本排除了外国法事务律师通过日本律师来提供有关日本法服务的可能性。

八、韩国

早在1986年,美国便要求韩国开放其法律服务市场,但韩国一直坚决拒绝,基本不允许外国律师业者进入韩国。[3]加入WTO时,韩国没有在GATS中就法律服务作出任何承诺。2005年以来,韩国开始在双边自由贸易协定中就法律服务方面问题作出承诺。不过,2009年以前,韩国仍不允许外国律师在韩国开设律师事务所或分支机构,不准外国律师在韩国开展法律咨

---

[1] 参见裘索:《日本国律师制度》,上海社会科学院出版社1999年版,第20页。

[2] 参见鲍荣振、熊琳:"日本涉外律师的竞争形势",载《中国律师》1999年第5期。

[3] 参见[韩]罗胜福:"中国开放法律服务市场之我见",载《中国律师》2001年第1期。

询业务，也不准韩国律师事务所雇佣外国律师或者与外国律师合伙经营，外国律师只能在韩国律师事务所担任法律顾问，但不能从事律师业务。[1]

韩国法务部曾于 2006 年颁布《外国法律顾问法（草案）》，该草案允许外国律师等专门从事法律相关事务的外国人，以"外国法律顾问"的身份在韩工作；允许海外律师事务所在国内设立"外国法律咨询事务所"。但是，该草案仍设有诸多限制，如外国律师不能和韩国律师事务所或者韩国律师合资、合伙从事法律业务和分享收益；禁止外国律师在韩国代理诉讼和以任何形式雇佣韩国律师。外国律师要在律师资格证取得国工作 3 年以上，同时必须得到韩国法务部的认可，并在韩国律师协会登记后，才能在韩国从事"法律顾问"工作。而且，该法案仅适用于与韩国签署了开放法律市场协议的国家。[2]

2009 年，韩国开始实施《外国法律顾问法》。根据该法的规定，韩国分三个阶段开放其法律服务市场。具体而言：第一阶段，允许外国律师事务所在韩国设立分支机构，赋予外国律师以"外国法律顾问"（FLC）的地位，允许他们在韩国提供法律咨询服务；第二阶段，允许外国律师事务所与韩国律师事务所在业务方面开展合作，分享律师费用；第三阶段，允许外国律师事务所与韩国律师事务所合资成立合作律师事务所，并允许雇佣韩国律师。在开放计划的第一阶段，瑞士、新加坡等 14 个与韩国缔结了自由贸易协定的国家的律师，被允许在韩国以外国法律顾问的身份提供有关外国法的咨询服务，这些国家的律师事务所可以在韩国开设"外国法律顾问办公室"（Foreign

---

[1] 参见中国商务部：《国别贸易投资环境报告（2006）》，第 81~82 页；《国别贸易投资环境报告（2009）》，第 87 页。

[2] 参见中国商务部：《国别贸易投资环境报告（2008）》，第 74 页。

Legal Consultant Office），可以派遣或雇佣本国律师提供有关外国法的咨询服务。[1]

外国律师申请成为韩国的"外国法律顾问",需要满足的条件是:第一,其母国与韩国缔结了自由贸易协定;第二,需要在其母国有3年以上的法律从业经历;第三,每年居住在韩国的时间不少于180天。其申请流程是:先向韩国法务部提出申请,获准后,再在韩国律师协会注册登记。外国法律顾问在韩国只能提供有关其母国法、国际法的法律咨询服务,不能够在韩国法院出庭。2009年开放以后,约有16家外国律师事务所向韩国政府申请获得了"外国法律顾问"的执照,其中大多数是来自美国和英国的律师事务所。外国律师事务所在韩国开设外国法律顾问办公室,需要经过审批,但没有配额限制、数量限制和地域限制。截至2013年底,韩国不允许外国律师事务所或外国律师雇佣韩国律师,不允许韩国律师与外国律师合资经营律师事务所。韩国律师事务所或律师可以雇佣外国律师,但该外国律师只能以外国法律顾问的名义执业。[2]

九、新加坡[3]

新加坡法律服务市场的对外开放,遵循的是循序渐进的原则,其进程如下图所示:

---

[1] 参见中国商务部:《国别贸易投资环境报告（2010）》,第104~105页;《国别贸易投资环境报告（2011）》,第111页;《国别贸易投资环境报告（2012）》,第132页;《国别贸易投资环境报告（2013）》,第73~74页。

[2] See International Bar Association, "IBA Global Regulation and Trade in Legal Services Report 2014", pp. 381-383.

[3] See International Bar Association, "IBA Global Regulation and Trade in Legal Services Report 2014", pp. 400-406.

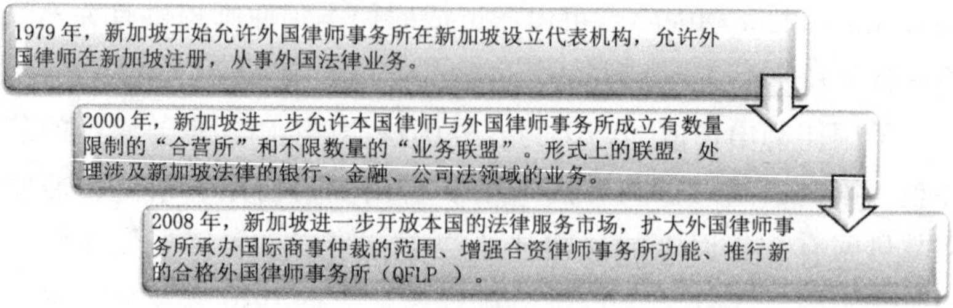

> 1979年，新加坡开始允许外国律师事务所在新加坡设立代表机构，允许外国律师在新加坡注册，从事外国法律业务。
>
> 2000年，新加坡进一步允许本国律师与外国律师事务所成立有数量限制的"合营所"和不限数量的"业务联盟"。形式上的联盟，处理涉及新加坡法律的银行、金融、公司法领域的业务。
>
> 2008年，新加坡进一步开放本国的法律服务市场，扩大外国律师事务所承办国际商事仲裁的范围、增强合资律师事务所功能、推行新的合格外国律师事务所（QFLP ）。

图10

新加坡的律师事务所有多种类型：第一种是新加坡律师事务所（"Singapore Law Practice"），可以就新加坡法律和外国法律提供法律服务；第二种是可以提供外国法律服务的外国律师事务所（"Foreign Law Practice"），FLP可以申请成为"合格外国律师事务所"（"Qualified Foreign Law Practice"）或者与SLP合作建立合资律师事务所（"Joint Law Venture"），以便可以提供有关新加坡法律的服务。综合来看，外国律师事务所在新加坡存在的形式有三种：第一种是"代表处"（Representative Office），仅能在新加坡从事联络或推广工作，不能提供任何法律服务或进行任何其他商业活动。第二种是"外国律师事务所"（FLP），此类外国律师事务所可以在新加坡提供与外国法律相关的全方位法律服务，但不能涉足有关新加坡法律的事务。第三种是"合格外国律师事务所"（QFLP），此类律师事务所可雇佣持新加坡律师执照的外国律师来处理允许领域的法律事务，可以与新加坡律师事务所建立合资律师事务所或者正式法律联盟。

外国律师在新加坡执业，需要符合《法律职业法》和《法律职业（授予人员）规则》["Legal Profession（Qualified Persons）Rules"]所规定的条件，并遵守《法律职业法》和《法律职业（准入）规则》的准入要求。外国的律师或律师事务所可以雇佣新加坡律师，但是该新加坡律师所能从事的业务范围取决于该外国律师或外国律师事务所获取的资质。新加坡的律师或律师事务所可以雇佣外国律师。外国律师或律师事务所可以与新加坡律师建立合资律师事务所，但如果涉及 SLP，外国律师或外国律师事务所拥有或参与的份额不能超过三分之一。

就业务领域而言，外国律师可以就其母国法、国际法在新加坡提供法律服务，而且主要集中在商法领域，他们不能够涉足刑事、宪法和行政、婚姻家庭、继承（包括遗嘱）、财产转让、破产、诉讼等法律领域的业务。除非根据《法律职业法》第 15 条获得临时允许，否则外国律师不能在新加坡的任何法院出庭。

第二节 发展中国家和地区

一、俄罗斯[1]

俄罗斯法律服务市场的开放程度非常之高，外国律师不必取得俄罗斯律师职业资格即可以在该国提供范围极广的法律服务，一般是通过法律公司的形式。[2]截至 2014 年，来自美国、英国、德国、加拿大、澳大利亚、意大利、芬兰、塞浦路斯、法国等国家的 50 多家外国律师事务所进入了俄罗斯法律服务市场，主要分布在莫斯科和圣彼得堡两座城市。

在俄罗斯，外国律师执业的方式有三种：第一种是以"法

---

[1] See International Bar Association, "IBA Global Regulation and Trade in Legal Services Report 2014", pp. 390-395.

[2] 参见"俄罗斯法律服务市场改革年底收官 俄罗斯联邦律师协会或将一统江湖"，载 http://www.chinaruslaw.com/CN/LawsuitArbitrate/004/20151210161448_675792.htm，最后访问时间：2020 年 9 月 20 日。

学家"（Jurist）的身份提供法律服务，无需满足任何条件，也无需任何特定执照。不过，需要注意的是，任何外国人进入俄罗斯提供服务，即便是临时的，也必须获得俄罗斯移民当局的许可。第二种是以"外国律师"（Foreign Advocate）的身份执业，需要满足的条件是：在母国已经取得了类似于俄罗斯辩护律师（Russian Advocate）的身份，尤其是要具有同等学力背景和执业经历，并通过了职业资格考试；经由俄罗斯司法部特别登记注册。外国律师只能就其母国的法律提供服务。如果外国律师在俄罗斯律师事务所或其他外国律师事务所担任外国法律顾问，那么其业务范围就不受限制。第三种是成为"俄罗斯律师"，外国人成为俄罗斯律师，必须遵守所有适用于俄罗斯律师的要求，包括在俄罗斯接受教育、通过相关考试等。

外国律师可以在俄罗斯参与仲裁和调解，也可以以"法学家"（Jurist）或"外国辩护律师"（Foreign Advocate）的身份到法院出庭。不过，也有一些例外，一些刑事案件和涉及未成年人的案件，只允许辩护律师代理；对严重学习障碍患者的法律援助，只能由辩护律师或国家特殊法律局（Special State Legal Bureau）的官员或代表提供；除了特殊情况，只有辩护律师可以在俄罗斯宪法法院陈述。

外国律师事务所在俄罗斯的组织形式，既可以是商业公司（由税务当局进行登记），也可以是分支机构或代表处（必须向俄罗斯司法部的国家登记分部提出申请）。登记注册程序比较简单，只需遵守适用于所有外国公司的一般注册规则即可。外国律师事务所进入俄罗斯，没有配额限制和数量限制，但是有一定的区域限制。俄罗斯有19个地理区域，外国律师必须事先获得许可后才能进入，外国律师事务所不能在那里设立办事处。

俄罗斯律师可以与外国律师建立合伙关系。俄罗斯法学家

（Jurist）可以与外国律师建立任何类型的合伙关系（合同形式或法律实体形式）。如果外国律师在俄罗斯登记为"外国律师"（Foreign Advocate），则适用俄罗斯律师的规则。俄罗斯律师可以雇佣外国律师，前提是该外国律师没有登记为"外国律师"（Foreign Advocate）。虽然俄罗斯律师不是受劳动合同约束的员工，但他们可能会被外国律师或律师事务所聘用。

二、印度

印度的法律制度比较成熟，律师总数仅次于美国，2015年印度执业律师人数超过百万，位居世界第二。[1]但是，印度的法律服务市场极端封闭，基本上不对外开放。

虽然印度在多哈回合谈判中作出了改善服务业的承诺，但是现实中并未取消对电信、金融、法律服务等关键部门的限制。比如，印度禁止外国直接投资进入印度法律服务领域，不允许外国律师事务所在印度开设办事处。外国法律服务人员可以受雇于印度律师事务所或律师，以雇员或顾问的身份工作，但是受到诸多的限制：不能签署文件，不能代理客户，不能出庭辩护，更不能成为律师事务所合伙人，甚至不得就外国法律提交书面意见或提供咨询服务。任何在印度从事法律服务的个人，必须是印度律师协会的在册会员。外国律师只有在其母国给予印度律师同等开放条件的情况下，才可以获准在印度律师协会注册。[2]

---

［1］参见程幽燕："印度法律制度和律师制度"，载《中国律师》2015年第12期。

［2］参见中国商务部：《国别贸易投资环境报告（2009）》，第240页；《国别贸易投资环境报告（2010）》，第290页；《国别贸易投资环境报告（2011）》，第282页；《国别贸易投资环境报告（2012）》，第315~316页；《国别贸易投资环境报告（2013）》，第242页。

外国律师要想在印度执业，只有一个途径，那就是获得印度律师的身份，前提是要满足印度律师协会根据《辩护律师法》（the Advocates Act）第 47 条所作出的条件要求。另外，外国律师事务所和律师不能雇佣印度律师。[1]

三、巴西[2]

在巴西，采用的是 5 年制本科教育，完成学业的学生被授予法律学士学位（Bacharel em Direito）。法律学士通过巴西律师考试后，进入巴西律师协会（Ordem dos Advogados do Brasil-OAB），获得执业证书，并在 OAB 的州分会完成注册。

外国律师在巴西执业的身份有两种：一是申请成为"外国法律顾问"。未获得 OAB 资格的外国律师可以在巴西工作，在获得 OAB 的授权后成为外国法律顾问（consultor de direito estrangeiro）。申请成为外国法律顾问需要提供一系列证明：第一，在母国处于执业的状态；第二，持有巴西居民签证；第三，没有因严重犯罪被判刑，没有被律师协会处罚的记录；第四，由母国律师协会出具具有良好声誉的证明，并由三名巴西律师签署。外国法律顾问只能从事与其母国法和国际法相关的法律咨询业务，可以参与仲裁和调解，不能在巴西法院出庭。二是申请成为"巴西律师"。外国律师可以获得巴西律师的职业资格，但必须满足成为巴西律师的所有要求，包括通过 OAB 考试。在申请 OAB 之前，必须先对该外国律师的学位进行验证。可能需要参加一些考试，以便确认该候选人能够获得巴西法律学士学

---

[1] See International Bar Association, "IBA Global Regulation and Trade in Legal Services Report 2014", pp. 233-234.

[2] See International Bar Association, "IBA Global Regulation and Trade in Legal Services Report 2014", pp. 76-79.

位，一些课程或许会被大学指定为文凭验证的必修科目。

外国律师事务所进驻巴西，需要在巴西国家商务委员会（Junta Comercial）或国家公司注册办公室（Cartóriode Registro de Pessoa Jurídica）完成常规的法律注册程序，然后再到国家法律事务办公室完成注册。巴西不允许外国律师或律师事务所与巴西律师或律师事务所建立合伙、相互雇佣关系。截至2013年10月，巴西有25家到30家外国律师事务所，主要来自美国、英国和西班牙，它们在巴西就其母国法律和国际法提供咨询服务。

四、土耳其

2003年，土耳其对外开放一些专业服务领域，但是医生、律师行业除外。[1]直到2013年，土耳其仍然限制外国人在该国从事公共卫生、律师、审计等方面的工作。[2]

总体上，外国律师不能取得土耳其的律师职业资格，不能成为土耳其律师。外国律师不能在土耳其法院出庭，只有土耳其本国律师可以出庭。外国律师可以加入"外国律师合伙"（Foreign Attorney Partnerships），提供关于外国法律和国际法方面的服务。"外国律师合伙"需要向土耳其当地律师协会登记注册，除了须具备与土耳其本国律师事务所相同的资质外，还需要另外提供外国律师母国律师协会出具的资质证明和两国之间的互惠文件。"外国律师合伙"只能采用一般无限责任合伙形式。

外国律师事务所不能在土耳其开设分所，只能根据相关程序设立办事处。外国律师事务所和律师可以雇佣土耳其律师，

---

[1] 参见中国商务部：《国别贸易投资环境报告（2006）》，第225页。
[2] 参见中国商务部：《国别贸易投资环境报告（2011）》，第262页；《国别贸易投资环境报告（2012）》，第290页；《国别贸易投资环境报告（2013）》，第220页。

也可以与之建立合伙关系，不过这种情况下土耳其律师的业务范围将会受到限制，只能从事外国法律和国际法方面的事务。土耳其律师事务所和律师也可以雇佣外国律师。截至2013年7月，大约有15家来自英国、美国、澳大利亚、德国和法国的外国律师事务所在土耳其开展业务。[1]

五、埃及[2]

根据埃及相关法律的规定，埃及司法部和律师协会可以协同授予外国律师在埃及处理特定案件或者特殊事务的权利，前提是该外国律师的母国与埃及之间存有互惠安排。外国公民（包括外国律师）在持有签证邀请函的情况可以获得埃及长达90天的商务签证，一些阿拉伯国家的居民则不需要签证。

由于拥有埃及国籍是取得埃及律师职业资格的首要条件，所以外国律师不可能成为埃及律师，而且埃及律师也不能与外国律师建立合伙关系。不过，埃及允许外国律师参与仲裁和调解程序，也允许其本国律师事务所和律师聘用外国律师，但是鉴于国籍要求，这些外国律师是不能以律师的身份对外活动的，只能被当作法律顾问。需要说明的是，埃及没有正式的外国法律顾问制度。

另外，外国律师事务所只有与埃及本土律师事务所合作才能在埃及开设办事处，但是埃及没有就外国律师事务所的相关事宜制定正式的许可制度。截至2014年10月，已经有一些国际律师事务所在埃及开展业务，大多是与当地律师事务所合作的形式。

---

[1] See International Bar Association, "IBA Global Regulation and Trade in Legal Services Report 2014", pp. 459-462.

[2] See International Bar Association, "IBA Global Regulation and Trade in Legal Services Report 2014", pp. 173-176.

六、沙特阿拉伯[1]

2005年加入WTO时，沙特阿拉伯在GATS中承诺，允许外国律师以"法律顾问"的身份在该国提供关于其母国法和国际法的咨询服务。有执照的外国法律顾问可以独立执业，也可以与沙特阿拉伯律师合伙。受限于国籍要求，外国律师无法获得沙特阿拉伯的律师职业资格。

外国律师申请成为"法律顾问"，必须满足沙特阿拉伯律师需要达到的所有条件，国籍要求除外。另外还须满足以下条件：第一，应该全职从事法律咨询工作；第二，每年在沙特阿拉伯阿拉伯境内居住不少于9个月，并且定期到办公室工作，签署与案件相关的所有文件，他也可以聘请一名沙特阿拉伯律师代他完成这些工作；第三，必须具有5年以上的从业经验。外国律师以法律顾问的身份进入沙特阿拉伯，需要有该国商业组织或政府部门的邀请。

只有沙特阿拉伯律师可以出庭，外国法律顾问不能在法院、申诉委员会或《法律业务守则》第1条提到的任何其他委员会中辩护。来自海湾阿拉伯国家合作委员会（Gulf Cooperation Council）的律师，可与一名执业的沙特阿拉伯律师一起出庭，前提是该国家向沙特阿拉伯律师提供对等的权利。外国律师事务所只能与沙特阿拉伯律师事务所合作经营，且外资在法律咨询公司中的占比不能超过75%。进驻沙特阿拉伯的外国律师事务所主要来自美国、英国和法国。

---

[1] See International Bar Association, "IBA Global Regulation and Trade in Legal Services Report 2014", pp. 396-399.

七、哈萨克斯坦[1]

鉴于国籍限制，外国律师不可能获得哈萨克斯坦的律师职业资格。但是，哈萨克斯坦对外国律师服务业者的限制非常少，外国律师可以在该国从事除刑事辩护和公证服务以外的其他法律业务，包括在该国法院出庭。外国律师申请在哈萨克斯坦执业，只需要满足外国公民申请工作许可证的一般要求即可，无需特殊的法律顾问许可，关税同盟的居民甚至不需要工作许可证。

外国律师事务所进入哈萨克斯坦执业，只需以有限责任公司的形式（最广泛使用的法律形式）向该国司法部申请注册登记即可，不存在超出一般公司登记手续的特别许可要求。哈萨克斯坦对外国律师事务所及其分支机构的数量、地域、所有权份额等均无限制，并允许其本国律师业与外国律师业建立合伙关系和相互雇佣关系。在2014年，大约有8个来自美国、英国的大型国际律师事务所在阿拉木图设立了办事处，另外还有来自独联体国家的律师事务所在哈萨克斯坦设立了2个办事处。

八、乌克兰[2]

除了刑事辩护以外，外国律师可以在乌克兰较为自由地执业，执业权限与乌克兰律师基本相同。外国律师在乌克兰以法律顾问的身份执业，无需获得相关执照。外国律师可以申请成为乌克兰律师，需要满足的条件是：提交获准文件清单和申请

---

[1] See International Bar Association, "IBA Global Regulation and Trade in Legal Services Report 2014", pp. 263-266.

[2] See International Bar Association, "IBA Global Regulation and Trade in Legal Services Report 2014", pp. 474-477.

书，在乌克兰有2年以上工作经验，被列入乌克兰律师名册。尚未取得律师执业执照的外国公民，必须通过资格考试后才能依法成为乌克兰的律师。

外国律师不仅可以参与民商事诉讼，如果被列入乌克兰律师名册，也可以参与刑事诉讼和行政诉讼。外国律师可以进行仲裁和调解。乌克兰与许多国家实行免签证制度，外国律师只需满足外国公民获得就业许可证的一般要求即可获得签发就业许可证。

外国律师事务所不需要获得特殊执照，就可以在乌克兰从事除正规的机构（或者说设立代表机构）注册程序以外的法律业务。外国律师采用有限责任公司的形式，必须在公司注册处登记注册；采用代表处的形式，则必须在乌克兰经济部登记注册。乌克兰对外国律师事务所及其分支机构的数量、地域、所有权份额等均无限制。外国律师业者可以与乌克兰本国律师业者建立合伙关系和相互雇佣关系。2014年，在乌克兰大约有20家来自英国、美国、德国、法国、奥地利和俄罗斯的外国律师事务所，另有两到三家国际律师事务所的分支机构。

九、白俄罗斯[1]

根据白俄罗斯的法律规定，只有白俄罗斯的公民才能获得律师、公证人和专利律师的职业资格。律师和法律顾问接受白俄罗斯司法部的许可和监管。俄罗斯和哈萨克斯坦的律师只能在白俄罗斯境内就国际私法、国际公法及其母国法律提供法律服务。只有白俄罗斯的律师才能出庭，唯一的例外是立陶宛律师可以在民事诉讼中出庭。

---

[1] See International Bar Association, "IBA Global Regulation and Trade in Legal Services Report 2014", pp. 65–69.

外国律师在白俄罗斯以外国法律顾问的身份执业，无需获得执照，但是他们不能自称"律师"，也不能从事律师业务。除此以外，外国法律顾问可以通过按规定程序设立的律师事务所提供包括法律咨询在内的任何法律服务。除了出庭外，外国律师的其他法律活动包括起草文件等都不受任何限制。律师执业的形式，无论是单独执业还是与其他律师共同执业，都必须经律师协会法律顾问办公室的批准。法律顾问可以作为独立从业者执业，也可以通过律师事务所执业。

白俄罗斯不允许外国律师事务所设立分支机构，因此外国律师事务所只能在白俄罗斯建立新的组织形式，这需要在国家注册中心注册。外国律师事务所在白俄罗斯设立办事处，须经该国外交部批准，不需要设立法人机构。除了履行一般的公司注册程序外，外国律师事务所不需要获得特殊执照就可以执业。白俄罗斯没有对外国律师业者的准入许可证数量规定配额，不限制外国律师在白俄罗斯律师事务所中的所有权份额，也不对外国律师业者准入许可的数量和可开设机构的数量作出限制。外国律师业者可以与白俄罗斯本国律师业者建立合伙关系和相互雇佣关系。在白俄罗斯设有办事处的一些外国律师事务所分别来自俄罗斯、德国、奥地利、波罗的海以及北欧等国家和地区。

十、东南亚五国

（一）马来西亚

在很长一段时间内，马来西亚不允许外国律师事务所在该国设立分支机构，外国律师事务所只能与马来西亚当地律师事务所合伙开展业务，所占股份还不得超过30%。外国律师不能从事与马来西亚法律相关的业务，不得加入马来西亚律师事务所，不能使用外国律师事务所的名称开展业务，只能从事与其母国法和国际法相关的咨询服务。[1]马来西亚《法律职业法》2012年修正案（2012 Legal Profession Act）开始允许外国律师业者进入马来西亚，但是依然设有很多限制。[2]直到2019年，外资进入马来西亚法律服务业，还会在股权方面受到严格限制。[3]

目前，外国律师事务所和外国律师不得从事《1976年法律职业法》第40（O）节（第166号法）和《2014年法律职业（国际合伙和合格外国律师事务所及外国律师注册）规则》中规定的马来西亚法律事务。来自认可的司法管辖区的外国律师事务所所必须向遴选委员会申请设立合格外国律师事务所，或者与马来西亚律师事务所合作。只有来自认可的司法管辖区的外国律师才可申请在合格外国律师事务所、国际合作或马来西亚律师事务所工作。该外国律师每年在马来西亚的居住时间不得少于182天。以"飞进和飞出"（Fly-in Fly-out）为基础，在马来西亚提供法律服务的外国律师应遵守《1976年法律职业法》（第166号法）第37（2B）（b）节的规定。需要注意的是，外国律师事务所和律师不得在沙巴州和砂拉越州执业。[4]

（二）印度尼西亚

印度尼西亚的法律规定，在该国执业的律师必须是印尼公

---

[1] 参见中国商务部：《国别贸易投资环境报告（2005）》，第99页；《国别贸易投资环境报告（2006）》，第109页。

[2] See International Bar Association, "IBA Global Regulation and Trade in Legal Services Report 2014", pp. 304-308.

[3] 中国商务部国际贸易经济合作研究院、中国驻马来西亚大使馆经济商务处、商务部对外投资和经济合作司：《对外投资合作国别（地区）指南·马来西亚》（2019年版），第38~39页，载http://www.mofcom.gov.cn/dl/gbdqzn/upload/malaixiya.pdf，最后访问时间：2020年9月20日。

[4] 附件1《马来西亚减让表》，载http://www.caitec.org.cn/upfiles/file/2017/4/0b8cf14d-eab2-452d-8e1b-3cedd5e4982b.pdf，最后访问时间：2020年9月20日。

民，且毕业于印尼的法律院校或其他印尼承认的院校，这意味着，外国人只有取得印尼国籍后才能在该国成为执业律师。外国律师在印尼只能从事法律咨询服务，并需要得到印尼司法及人权部的批准。外国律师事务所必须和印尼律师事务所建立合作关系，才有可能进入印尼市场。[1]

（三）泰国

泰国不允许外国律师从事与泰国法律相关的事务，外国律师不能在泰国法院出庭。外国律师事务所不能在泰国设立分支机构，只能以办事处的形式提供法律咨询服务。外国律师事务所可以与泰国律师事务所建立合作，但只能隶属于泰国律师事务所，而且所占股权不得超过49%。[2]

（四）越南

外国律师事务所在越南可以提供法律咨询以及其他法律服务，但具有一定条件限制，如外国律师事务所提供有关越南法律的咨询必须雇佣越南律师，或者该律师事务所的外国律师必须获得越南颁发的法律执业证书、越南大学的法学学位以及越南颁发的从事越南法律咨询的合格证书。此外，外国律师以及外国律师事务所雇佣的越南律师不能在越南法院参与诉讼程序。[3]

（五）菲律宾

菲律宾也不允许外资或外国公民在该国从事律师、医药、

---

［1］ 参见中国商务部：《国别贸易投资环境报告（2005）》，第243页；《国别贸易投资环境报告（2009）》，第253页；《国别贸易投资环境报告（2011）》，第300页；《国别贸易投资环境报告（2012）》，第332页；《国别贸易投资环境报告（2013）》，第257页。

［2］ See International Bar Association, "IBA Global Regulation and Trade in Legal Services Report 2014", pp. 451-453. 参见中国商务部：《国别贸易投资环境报告（2005）》，第209页；《国别贸易投资环境报告（2006）》，第215页。

［3］ 参见中国商务部：《国别贸易投资环境报告（2006）》，第261页。

第四章 涉外法律服务市场准入机制的域外镜鉴

会计等专业服务。[1]

本章通过对处于不同发展阶段、不同地域文化、不同制度环境的国家和地区作系统的研究，发现它们法律服务市场对外开放的时间虽然各有早晚，幅度也大小不一，但是基本上都秉持循序渐进、慎重稳妥的原则，一般不会贸然过多降低或完全撤销其涉外法律服务市场的准入门槛，这主要是因为法律服务市场的对外开放不仅会对本国法律服务行业产生巨大冲击，还会对国家的主权、政治、社会等方面造成很大的影响。

---

[1] 参见中国商务部：《国别贸易投资环境报告（2006）》，第61页；《国别贸易投资环境报告（2009）》，第63页。

第五章 CHAPTER 5
中国律师业的发展与"走出去"路径

中国现代意义上的律师事务所很多创建于20世纪90年代，至今也就只有30年的历史。不过，起步晚并不代表发展慢。现如今，很多中国律师事务所在管理水平、制度建设、文化养成、机制构建、规模扩张等方面都愈发趋外国近百年的律师事务所。具有国外法律教育背景和外国律师事务所工作经验的中国律师越来越多，他们在法律功底、语言能力、法律文本制作等方面已经逐渐接近外国著名律师的水平。但是，我们也要看到中国律师事务所与国际知名律师事务所之间的差距。中国律师事务所需要不断努力才能缩小这些差距。现阶段，有限度地对外开放中国法律服务市场，可以为中国律师业的成长和发展赢得时间和空间。但是，在经济全球化的今天，限制外国律师事务所和律师的进入终究不是长久之计。中国律师业自身的成熟和强大，应当是我们最终要努力实现的目标。

第一节 中国律师业的转型升级

上文论及，综合实力是涉外律师业发展的关键，律师事务所规模的大小和专业化的高低，在承揽涉外业务方面具有明显的影响，而全球布局能力是衡量一国律师业综合实力的重要指标。因此，在经济全球化和竞争日益激烈的今天，律师事务所必须打破传统的小而全和只能做本国业务的局限，向规模化、专业化、精品化、智能化的方向发展,并借助相关国家战略,积极"走出去"。中国律师业只有适应全球律师业的发展趋势和国家战略形势的需要,才能避免在激烈的国际竞争中被淘汰出局。需要说明的是,对于律师行业的"规模化""专业化"问题,各界已经作了较多的研究[1],本节不再进行深入探讨,我们将主要对人工智能化时代律师行业的转型升级问题作出分析。

一、规模化的发展方向

国际法律服务市场的业务大多难度系数和复杂程度都很高,需要法律服务团队进行"兵团式"作战。像跨境并购、国外投融资、境外上市、国际知识产权争端等法律项目,一般需要多方面的法律支持,仅凭一两个律师是无法全部完成的。为了减少成本,客户更偏向于选择能提供"一站式"服务的律师事务所,例如,在企业并购项目中出现的其他相关诉讼,客户会更偏向于直接通过负责并购的律师所在的律师事务所来解决这些额外的纠纷,而非重新找寻合适的律师事务所与律师。构建多元化的服务团队,是以建立规模化的经营模式和多类型的业务结构为基础的,所以中国涉外律师业转型升级的方向之一就是规模化的发展。这种模式有利于扩大律师行业内部在知识和技能方面的交流与合作,实现人才智力、管理经验和信息资源等要素的优化配置,提升整个行业的服务质量和运作效率,最大限度地降低服务成本。

因此,首先,可以鼓励国内律师业内部通过吸收合并等形

---

[1] 早在中国正式加入 WTO 之前,就有律师提出要加强律师行业的规模化和专业化,以应对入世后面临的挑战。参见贾午光、高宗泽主编:《迎接挑战——WTO 与中国律师业》,经济日报出版社 2000 年版,第 118 页。

式,进行产权界定和重组,产生一批在规模体量和服务质量上都具有一定竞争力的大型律师事务所。律师事务所之间在战略定位、分配体系、治理结构、文化融合、品牌推广、业务资源等方面的重新整合,不仅能够最大限度地占有国内法律服务市场的份额,还能够在全球法律服务市场中分得一杯羹。实际上,近年来律师事务所之间的合并重组并不鲜见,大律师事务所吞并中小律师事务所,一线城市的律师事务所兼并二三线城市的律师事务所,已是一种行业常态。其次,规模化发展,必然会对律师事务所的集约化水平提出要求,带来律师事务所管理制度的变革。当前,很多大型律师事务所采用一体化、公司化、智能化的管理模式,尽可能地释放规模效益,满足市场需求。

另外,在条件允许的情况下,可以逐步允许中外律师事务所之间的合并。中国律师事务所与外国律师事务所联手合作,在很大程度上会为中国律师的发展提供更大的机会。在国际贸易和投资过程中,一旦涉及中国法律及其法律程序,大多数客户会首先考虑选用具有国际背景的中国律师事务所和律师,这种情况下中国律师事务所有可能会逐步取代外国律师事务所驻华代表机构,成为中国涉外法律服务市场的主力。

二、专业化的发展方向

随着社会分工和法律分类越来越细,专业分工精细化成为律师行业发展的大趋势。从法律服务市场的需求角度来看,客户对律师的要求也发生了巨大变化,对律师服务的需求更加复杂化与专业化。那种包揽所有业务的"万金油"律师越来越没有市场,因为没有律师可以成为熟知所有法律领域的"多面手"。

因此,对于律师个体而言,要根据自身的特点,找准定位,精研某些业务领域的法律知识与法律服务，提升从事此类法律实务的技能，将自己打造成为相关法律领域的专家。比如，律师既可以以某一行业细分领域为切入点，研究透彻与该行业相关的中外法律法规、政策习惯、国际条约等，以点带面地将这一行业的知识与技能掌握起来。资深律师也可以在已经取得成就的专业领域中发展出较为新颖的专业服务方向，以便为当事人提供更为专业化的法律服务。对于律师事务所而言，管理者们需要树立法律细分意识和产业思维，突出律所的专业优势，组建固定的专业团队，形成独具特色的专业化服务内容和形式。即便与外国律师事务所进行联盟合作，也应保持自身固有的专业特色，避免被更具影响力和同化力的国际知名律师事务所"吞没"。

现实中，很多法律业务，如企业并购、公司上市、金融证券、知识产权等，不仅需要律师拥有十分专业化的法律业务能力，还需要律师在其他领域有一定的知识储备。所以，专业化的发展方向并不意味着"故步自封"，而是要律师在某个专业领域内实现"跨界互通"，能够为客户提供全方位的综合性服务。现在客户对法律服务的专业化要求比任何时候都要高，但他们要求的法律服务又不仅限于法律层面，还会涉及财务、会计、数据等领域。律师事务所和律师要变换自己的思维方式，以不断探索的精神和终身学习的态度，满足不同客户在不同阶段的法律服务需求。另外，系统地掌握最新的电脑系统，全面了解最新的业务知识，实时更新律师事务所网站，提供专业地道的英文翻译，都是律师事务所和律师专业化的重要表现。

三、智能化的发展方向

随着人工智能时代的到来，现有很多行业的工作将会受到颠覆性的影响，人力资源会从很多劳动中解放出来，由人工智能产品代替。不过，人工智能虽然可以弥补人类自身劳动能力的不足，减轻人的劳动负担，提高劳动效率，甚至可以推动人类的劳动解放和全面发展。[1]但是它也会导致另一个状况的出现，即如果被解放出来的劳动力无法实现"与时俱进"和"自我更新"，那么很多行业就会出现"结构性失业"，甚至"全面性失业"。[2]据预测，在2015年至2020年期间，主要的15个发达和新兴经济体将会因为人工智能等科技发展而丧失510多万个工作岗位。[3]毕竟，在一个人类伴侣都有可能被机器人所替代的时代，已经很难再说还有哪些工作岗位是完全不可被替代的了。

但是，人工智能产品对人类工作的替代幅度、范围、速度以及替代过程中可能面临的问题，并不能一概而论，这些内容将会因为职业性质的差异而出现很大的不同。比如，虽然律师和医生的服务对象都是人类（兽医除外），但是他们工作的内容却有很大的差距。除了精神、心理等领域的医生外，大部分医生要解决的是患者肉体上的病症，而律师要解决的则是客户社会关系上的"病患"。人的肉体在很大程度上是一种可视化、可感触的物理存在，而人类的社会关系则是一种看不见、摸不着的虚拟存在。在人类社会关系的各项构成要素尚不能被完全地概念化和数据化的情况下，人工智能应用于医学领域的时间以及应用的范围、幅度和效果，要早于、大于和好于法律服务领域。

---

[1] 参见何云峰："挑战与机遇：人工智能对劳动的影响"，载《探索与争鸣》2017年第10期。

[2] 参见高奇琦、李松："从功能分工到趣缘合作：人工智能时代的职业重塑"，载《上海行政学院学报》2017年第6期。

[3] See World Economic Forum: "*The Future of Jobs: Employment, Skills and Workforce Strategy for the Fourth Industrial Revolution*", Website: http://www3.weforum.org/docs/WEF_ Future_ of_ Jobs.pdf，最后访问时间：2020年9月19日。

(一) 人工智能在法律领域的应用

就人工智能与法律的关系而言，国外自20世纪50年代起就陆续展开了相关研究，并卓有成效。[1]国内就此话题展开的相关研究虽然不多，但是一直没有缺位：早期的研究是探讨如何将人工智能支撑的专家系统应用到法律领域[2]；2000年以后的研究则是集中在人工智能与法律方法、法律思维的关系问题上[3]；近期的研究又涉及人工智能与法律职业（如法官、律师等）[4]、法律制度（如知识产权保护）[5]、法律秩序（如民事责任认定、隐私保护）[6]的关系等问题。

---

[1] 参见张妮、杨遂全、蒲亦非：“国外人工智能与法律研究进展述评”，载陈金钊、谢晖主编：《法律方法》，山东人民出版社2014年版，第458~480页；国外还有一个专门呈现历年来法律与人工智能研究成果的网站：http://www.iaail.org/。

[2] 参见张力行：“计算机法律信息检索与计算机法律专家系统——理论与实践”，载《中外法学》1989第3期。赵廷光：“论知识经济与法律信息资源的开发利用——开发《法学系列专家系统》的可行性研究报告”，载《现代法学》1998年第3期。

[3] 参见张保生：“人工智能法律系统的法理学思考”，载《法学评论》2001年第5期；於兴中："人工智能、话语理论与可辩驳推理"，载葛洪义主编：《法律方法与法律思维（第3辑）》，中国政法大学出版社2005版，第115~129页；唐昊涞、舒心："人工智能与法律问题初探"，载《哈尔滨学院学报》2007第1期；梁庆寅、魏斌："法律论证适用的人工智能模型"，载《中山大学学报》（社会科学版）2013年第5期。

[4] 参见吴习彧："司法裁判人工智能化的可能性及问题"，载《浙江社会科学》2017年第4期；白建军："法律大数据时代裁判预测的可能与限度"，载《探索与争鸣》2017年第10期。

[5] 参见吴汉东："人工智能时代的制度安排与法律规制"，载《法律科学》2017年第5期；易继明："人工智能创作物是作品吗？"，载《法律科学》2017年第5期；王迁："论人工智能生成的内容在著作权法中的定性"，载《法律科学》2017年第5期；梁志文："论人工智能创造物的法律保护"，载《法律科学》2017年第5期。

[6] 参见胡凌："人工智能的法律想象"，载《文化纵横》2017年第2期；司晓、曹建峰："论人工智能的民事责任：以自动驾驶汽车和智能机器人为切入点"，载《法律科学》2017年第5期；袁曾："人工智能有限法律人格审视"，载《东方法学》2017年第5期。

显然，人工智能技术的发展肯定会对法律职业产生很大的影响，这是毋庸置疑的。但是，这种影响到底有多大，影响程度有多深，法律职业群体被人工智能产品取代的可能性有多大，法律人工智能的发展将面临什么样的客观问题，以及对中国法律服务资源的再分配和全球参与有何影响等，目前还没有明确的答案，且存在概而论之的情况。本部分将以人工智能对律师行业的影响为例，在已有研究成果的基础上，对上述问题进行系统性思考和具体化探析。

当前各界对人工智能的讨论存在一种泛化的倾向，甚至将很多简单的自动化技术归类到人工智能的范畴。实际上，自"人工智能"这个概念被提出之日起，人们关注的是它如何超越产品属性，可以模仿人类进行运算、感知、学习、思考、推理、联想、交流、行为等活动。[1]换言之，科学家们对人工智能技术设定的方向是，由产品属性向类人类属性发展。当然，人工智能的发展是一个不断进化的过程，运算、统计、存储、学习、搜索等只是其初步阶段，感知、认知、联想、推理等是其高级阶段，而像人类一样拥有认知、思考、交流，甚至自我意识、思想感情、主动行为等特征则是其发展的终极目标。

学界对人工智能还有"弱""强"甚至"超级"的划分。诸如自动驾驶、自动识别、专家系统等技术，因其产品属性和工具特性而被归类到"弱人工智能"的范畴中。[2]此类人工智能是为服务人类而设计，虽然可能会引发失业等危机，但不会

---

[1] 参见王志良主编：《脑与认知科学概论》，北京邮电大学出版社2011年版，第4~5页。

[2] 参见翟振明、彭晓芸："'强人工智能'将如何改变世界——人工智能的技术飞跃与应用伦理前瞻"，载《人民论坛·学术前沿》2016年第7期；陈自富："强人工智能和超级智能：技术合理性及其批判"，载《科学与管理》2016年第5期。

对人类的根本生存造成威胁。目前真正引起人们关注和热议的是关于"强人工智能"和"超级人工智能"的设想,此类人工智能被预设为具有一定的自主性,甚至拥有自我意识等类人类属性,人们担忧它的出现会引发人类的生存危机,这就是所谓的"人工智能威胁论"[1]。

1958年,法国人Lucien·Mehl提出了将人工智能技术应用到法律领域的设想:一类是用于法律信息归类和检索的人工智能机器,一类是用于法律咨询与裁判的人工智能机器。[2]在与法律的关系中,前者处于人工智能的初级阶段,发挥的是辅助性功能;后者则更为高端,侧重于发挥人工智能的主导性功能。随着数据库技术和信息检索技术的发展,前一类法律人工智能已基本上被实现了,如今各类法律数据库、法律信息检索以及在线法律咨询平台等已经比较成熟和完善了。目前引起热议的是第二种类型的法律人工智能,即如何让人工智能成为提供法律服务和主导案件裁判的主体,而不再只是辅助律师和司法人员工作的工具。

时至2016年,IBM推出的人工智能机器人被美国一家律所应用到法律服务中,专门处理破产领域的案件。[3]伦敦大学和谢菲尔德大学研制的人工智能系统可以预测司法裁判,准确率

---

[1] 有学者根据具体言论所蕴含的实际语义,将人工智能的威胁论分为"工具性威胁""适应性威胁""观念性威胁""生存性威胁"四种类型,并进行了一种哲学意义上的澄清和批驳。参见李恒威、王昊晟:"人工智能威胁与心智考古学",载《西南民族大学学报(人文社会科学版)》2017年第12期。

[2] See Lucien·Mehl, Automation in the Legal World, Mechanization of Thought Processes: Proceedings of a Symposium Held at the National Physical Laboratory on 24th, 25th, 26th and 27th November 1958. London: Her Majesty's Stationery Office, 1959, pp. 755-780.

[3] See Your AI lawyer will see you now: IBM's ROSS becomes world's first artificially intelligent attorney, Reported by *Daily Mail Online* on 16 May 2016.

高达79%。[1]中国也在2016年推出了自己的法律人工智能机器人。[2]这些设计实践在很大程度上都是想实现人工智能在处理法律事务时的自主性和主体性,即能够像人类那样进行法律方面的思考和判断。如果说工业时代的机器所取代的是人类的体力劳动,那么信息时代的智能机器(人)意欲取代的则是人类的脑力劳动。[3]

(二)人工智能产品会完全取代人类律师吗?

人工智能模仿人类运用知识、逻辑、规则等进行推理并得出结论的过程,是一次形成新的认知经历和体验。[4]而如何模仿人类大脑进行推理和论证不仅是人工智能的热门话题,也是人工智能与法律关系的核心话题。[5]人工智能通过深度学习可以建立起系统的知识图谱是科技发展的一大进步,但是这距离人类复杂的大脑思考还有很大的距离。比如,如何将学习到的知识自动建模和抽象化,以及如何从自然语言文本中提炼出形式化的逻辑等,就是人工智能实现类人类属性过程中难以解决的问题。也就是说,无论是"弱人工智能"还是"强人工智能",完全取代人类律师的可能性不大,因为这其中存在着很多难以逾越的障碍。

---

[1] See Artifically Intelligent 'Judge' Developed which Can Predict Court Verdicts with 79 Percent Accuracy, Reported by *The Daily Telegraph* on 24 October 2016.

[2] 参见黄余余:"'法小淘'能否取代法律人?",http://www.pafj.net/html/2016/shicisuibi_1028/65464.html,最后访问时间:2020年9月19日。

[3] 参见郑戈:"人工智能与法律的未来",载《探索与争鸣》2017年第10期。

[4] 参见张扬武:"基于产生式的民事法律专家系统的研究",载《电脑知识与技术》2013年第15期。

[5] 参见武宏志、陈如松:"非形式逻辑和人工智能",载《佳木斯大学社会科学学报》2006年第5期。

1. 人类属性难以实现

人工智能产品不具备人类所特有的思想感情、价值观念、道德意识及情势判断能力。大量实验表明,人类智能的本质不是计算。[1]人类的运算能力不及计算机,就如同人类跑不过汽车一样正常。但是,人类不但具有智力和智慧,还具有心性和灵性,而后两者是人工智能产品难以具备的。[2]每个学科对人的假定是不同的。经济学将人假定为一种抽象的"理性人",社会学强调的是"现实人",人工智能在很大程度上将人视为一种可以数据化、模型化的"格式人"。但是,人类毕竟是生活在特定社会结构和制度文化中的具体而现实的群体,他们的行为、思想、感情、观念等因时、因地、因人而异。[3]数据和模型可以测算一类人的知识结构和行为特征,但不可能涵盖所有的人。

换言之,人工智能产品可能具有很高的"智商",但是在"情商"方面则可能为零。法律服务是一个以处理人类的法律关系为主要内容的行业,律师服务的对象是"活生生"的人,而不是"静态"的物。律师为客户提供法律服务时,不只是专业的法律知识方面的信息输出,还包括很多其他方面的内容。比如,对于处于情绪波动状态的客户,律师首先要做的是对他/她的情绪进行安抚,然后再以自己的法律知识和执业经验对案件、诉请以及诉讼目的进行专业的分析、判断和解读。又如,律师与客户在签订服务合同时,存在一个"讨价还价"的博弈过程,

---

[1] 参见龚怡宏:"人工智能是否终将超越人类智能——基于机器学习与人脑认知基本原理的探讨",载《人民论坛·学术前沿》2016年第7期。

[2] 参见於兴中:"当法律遇上人工智能",载《法制日报》2016年03月28日,第7版。

[3] 参见洪大用:"环境社会学的研究与反思",载《思想战线》2014年第4期。

律师的沟通技巧和审时度势的能力在其中发挥着至关重要的作用。人工智能可能会高效、准确地提供法律知识方面的解答，但是不能够对客户的情绪波动作出回应，这是它与人类律师的根本差别所在。

2. 认知范围存在有限性

人工智能产品的认知结构建立在人类知识和经验的基础上，它可以通过综合、融汇的方式放大人类的智慧，但是无法超越人类的整体认知范围。人工智能的深度学习能力实际上也是对人类认知能力的一种模仿。[1] 人工智能产品所能从事的业务领域应该是以格式化、数据化、法律关系相对固定为特征，它的运算基础和逻辑离不开人类为它设定的数据库，而数据库又是建立在现有的法律信息和裁判经验的基础上。当某些合同条款、商业框架、案件情况在之前从未出现过时，智能机器人恐怕就失去了高速应对的基础了。总之，法律人工智能产品的运转是建立在人类认知可控的范围内，只是它通过深度学习而融汇了大量的信息，所得出的结论可能更接近法律的规定和先前的裁判经验。

美国律所让机器人 ROSS 从事破产领域的业务，也是有这方面考虑的。如果让它从事涉及人类的情感、情绪、情欲的婚姻家庭领域的业务，它是否还能够做到"以不变应万变"呢？这是需要进一步考察的。笔者认为，人工智能产品首先进入的领域应该是那些促发展的高端业务领域，如金融、证券、投资、竞争、公司相关业务等，因为这些领域的业务模式相对固定，可以被格式化和数据化。反而是保民生的低端业务领域，如离婚、继承、物业等，因为涉及情感因素、民间习俗、社群矛盾等，人工智能能否很好地发挥功能，有待考察。

---

[1] 参见蔡曙山、薛小迪："人工智能与人类智能——从认知科学五个层级的理论看人机大战"，载《北京大学学报》（哲学社会科学版）2016 年第 4 期。

3. 运算模式和认知逻辑相对固定

人工智能的运作原理是：数据库+推理机制。数据库负责存储知识，推理机制负责运用这些知识进行推理和论证，并得出相应的结果。[1]人工智能不能以相对固定的运算模式和认知逻辑来应对不可控的案情和社会情势。律师业在本质上属于服务业的一种，律师执业在很大程度上是一种经济活动。律师职业之所以与公平、正义、秩序等价值理念密切相关，是因为其所服务的内容——"法律"与这些价值理念相关联。因此，律师服务实际上是一项以知识、信息、经验等为主要内容的交易活动。

福柯说知识就是权力，实际上信息、经验也是权力。法律规则越来越多，也越来越复杂，人们如果不经过专门而系统的法律训练（包括学校教育和实务锻炼），很难搞清此法与彼法的关系，法律和法规的区别，法律和司法解释哪个在司法实践中更为适用。社会分工越细密，行业隔阂越大，法律规范就会越多，法律服务的业务市场就会越大，这是近年来律师行业内部分工越来越细的原因。通过一位家事律师的讲座可以发现，离婚或者遗产继承纠纷并非我们想象得那么简单。从给当事人提供合理有效的法律建议，到案件最终执行完毕，其中有许多细节性的东西需要注意。甚至哪家法院在几点钟打电话比较合适，哪家法院申请强制执行时需要多准备一份材料等非常细节的信息，他都了如指掌。这些内容实际上与纯粹的法律知识没有太多关系，但它们又是非常有用的信息。对于律师工作所涉及的知识内容，我们通过一个图表来展示[2]：

---

[1] 参见黄良洪、曹旭东、刘树铭："法律领域的专家系统"，载《计算机工程与科学》1991年第1期。

[2] 参见曾丽芳、郑若忠："法律领域的知识表示"，载《计算机工程与科学》1994年第2期。

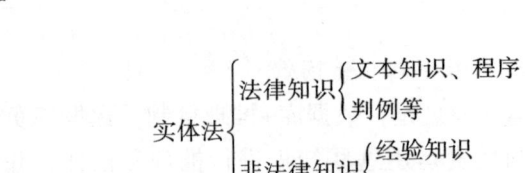

图 11

总之,法律服务的客体不仅包括文本上的内容、庭审程序、裁判先例等法律知识,还包括执业经验、价值理念以及司法信息等不确定的非法律知识。纯粹的法律知识只是律师获取客户信任的一个方面,因为文本上的法律大家都可以看到;而丰富的执业经验和有效的司法信息则是律师取得业务的关键所在。人工智能的深度学习功能,可以增加其运算和预测的准确度,但是不能解决它如何以相对固定的运算模式和认知逻辑来应对不可控的案情和社会情势。这个问题不解决,人工智能产品就不太可能完全取代人类律师群体。

围棋虽然是世界上最复杂、最困难的智力游戏,却终究还是有规则可循的;而且棋局的走法是可测算的,这对于人工智能来讲是至关重要的。但是,人类的思维、情感、心理等内容在很多情况下是无法概念化、数据化的,更是无法通过高速运转的计算能力来进行预测的。实际上,即便是人工智能的设计者和推崇者,也大都认为人工智能成果可以提高司法裁判和法律服务的效果和质量,但是不能取代法官和律师。[1]

(三)人工智能对律师行业和法律服务市场的影响

人工智能产品不能完全取代人类律师,但并不代表它不会

---

[1] See Artifically Intelligent 'Judge' Developed which Can Predict Court Verdicts with 79 Percent Accuracy, Reported by *The Daily Telegraph* on 24 October 2016. See Carl Benedikt Frey, Michael A. Osborne, The Future of Employment: How Susceptible Are Jobs to Computerisation, Website:http://www.oxfordmartin.ox.ac.uk/downloads/academic/The_ Future_ of_ Employment.pdf. 最后访问时间:2020 年 9 月 19 日。

对律师行业造成影响和冲击。科技成果被广泛应用到法律服务中已经成为不争的事实,以人工智能为代表的信息技术深刻影响着法律服务业和法律服务市场的未来走向。[1]人工智能技术的发展不仅可以提高法律服务的效率和质量,还会从律师职业的结构、工作方式、盈利模式、资源调配和使用等方面重塑法律服务市场。

1. 对律师行业的结构性变革

当人工智能能够从事一些简单的法律咨询和司法裁判时,便意味着包括法官、律师在内的法律职业共同体开始面临人工智能带来的挑战和冲击了。"出点子"和"做决定"本身就是一种权力的体现。智能机器人的使用,实际上是将法律意见提供权和法律纠纷裁判权从律师和法官的手中转移到程序设计者手中。[2]

利用人工智能可以近乎实时地跟踪法律法规和司法裁判的变动,这会对一部分法律从业群体的存在价值和功能定位造成冲击。目前,高效而精确的法律信息搜集、归类、存储、检索以及文件阅读等已经成为"弱人工智能"所需具备的基本功能,而更高级的法律推理、案件论证、结论提取、案件预测、法律咨询等功能则是将来高级人工智能发展的方向。当普通法律服务(如简单的法律咨询)能够为人工智能产品所代劳时[3],部分人力资源会慢慢地从这一市场领域退出,这样就会出现前

---

[1] 参见[英]理查德·萨斯坎德:《法律人的明天会怎样?——法律职业的未来》,何广越译,北京大学出版社2015年版,第19~23页、第52~63页。

[2] 参见Phil McNally、Sohai Inayatullay:"机器人的权利——二十一世纪的技术、文化和法律(下)",邵水浩译,载《世界科学》1989年第7期。

[3] 实际上,人工智能从事简单的法律服务的情况已经出现了。参见"人工智能在法律中的应用",雷锋网2017年3月17日报道,https://www.leiphone.com/news/201703/fuiajGkSfasZgNmy.html. 最后访问时间:2020年9月19日。

文所提及的"结构性失业"现象。

换言之，人工智能在提供法律服务时所具有的便捷性、透明性、可操控性等特征，将会成为吸引客户的优势。这种情况下，不具备从事复杂法律业务能力的"万金油"类型的律师、律师助理、实习律师、律师秘书等从业群体，将会受到律师电商、虚拟律师、网上律师咨询等人工智能产品的冲击。而且，法律人工智能的发展还会引发律师行业的再职业化。法律服务的在线化和非人工化，对律师服务的质量、方式、效率和律所的运作模式等提出了更高的要求，促使律师行业向更为专业化、职业化、商业化的方向发展。

另外，人工智能可以平衡律师业内部的科层结构、竞争环境和代际关系。一般情况下，年纪大的律师在执业经验和业务资源积累方面具有优势，因此往往在律所内部的科层结构中居于主导地位。而如今随着人工智能切入法律服务市场，年轻的律师在新知识、新技术的学习和利用方面更具有优势，这会削弱老律师在年龄、资历等方面的优势，引发律所科层格局的变动。而且，人工智能的发展会带来法律知识和司法信息的普及，家庭出身、教育背景、实习经历等影响律师职业的因素会发生变化，进而影响律师服务行业的科层结构格局。

2. 对法律服务市场的分化和重塑

传统的律师服务业是一个"以人为本"的行业，服务主体和服务对象都是人类。当人工智能技术在律师服务中主导一些简单案件时，会形成服务主体的多元化现象，传统律师业的服务关系格局随之发生改变。就像当医院里的一些手术通过高端的智能化设备来完成时，便意味着人类不再是这个职业的单一服务主体，传统医生职业的参与要素发生了改变。也就是说，法律人工智能的发展会让法律服务不再为人类律师所专属，律师的工作和功能要被重新定义和评价,法律服务市场的商业模式也会发生改变。[1]

目前律师行业的运作机制实际上是闭合的,客户并不十分清楚律师是如何为自己服务的,更不了解律师所付出的劳动量是否与收取的服务费用相匹配。波斯纳将法律职业称为"职业卡特尔""提供的是与社会法律相关的法律"。[2]随着人工智能的切入,法律服务市场的供求信息会更加透明,各项市场要素会更加高速地流动起来。当明码标价的在线法律服务产品出现在市场上时,律师行业的运作过程、收费标准、盈利模式等将不得不更加开放和透明,其中饱受非议的按时收费制度也有可能会被迅速瓦解。[3]

总之,基于对海量的法律数据的积累、挖掘、分析、匹配,人工智能在法律检索、案例对比、数据统计和分析等方面要比人类更为出色和有效率;其卓越的知识获取和融汇能力,可以让它轻松地介入更为广阔的法律服务中。与人类律师相比,人工智能产品的工作更为高速有效,而它所要付出的劳动成本却少得多,因此它的收费标准也会降低,这会使人类律师的创收受到一定的挑战。

3. 对中国律师业的资源分布和全球参与的影响

第一,解决法律服务资源分布不均匀的问题。在一个市场化的社会中,法律服务资源出现不均衡分布的状况是无可厚非的。在这种情况下,律师不愿去的地方,人工智能产品则可以

---

[1] 参见曹建峰:"人工智能法律服务的前景与挑战",载http://www.tisi.org/4855,最后访问时间:2017年3月20日。

[2] 参见[美]理查德·A.波斯纳:《超越法律》,苏力译,中国政法大学出版社2001年版,第39页、第45~46页。

[3] 参见[英]理查德·萨斯坎德:《法律人的明天会怎样?——法律职业的未来》,何广越译,北京大学出版社2015年版,第25页。

补充。法律人工智能的高效性和便捷性,可以低成本批量化地为个人和组织提供法律咨询、文件审核、案件预测等方面的服务,提高了法律服务的可获取性。人工智能快速的深度学习能力和海量的数据存储能力,不仅可以很快地适应老少边区的特殊情况,还能够以较低的劳动成本提供质高价廉的法律服务,甚至无偿的法律援助。当需求超出了法律人工智能的能力范围时,则可以考虑由律师来提供相关法律服务。近年来,中国各级立法、行政、司法机关的信息化建设有了重大的进步,法院的裁判文书基本实现了公开化和数据化,这为人工智能在法律服务领域的发展提供了很好的基础。目前,法院的各类信息化系统和应用已全面上线和不断深化。比如,全国各级法院就执行问题建立起了六个信息化系统平台,截至2015年底在网上公布了220.85万篇执行裁判文书。[1]又如,一些法院开始推进"智慧法院"建设,将人工智能应用到审判工作中。[2]这实际上为法律人工智能产品的普及和融入人们的日常生活奠定了基础。

第二,为中国深度参与全球法律服务市场的重塑提供了机遇。中国律师业虽然起步晚,但是历史包袱比较轻,对新兴科技成果的接受和普及会更为快捷。法律服务是一门以法律的知识、经验、信息为交易要素的行业,人工智能的发展使这些交易要素的获取更为便捷。如果能够充分利用好人工智能技术的最新成果,中国律师业无疑会站在迅速发展的快车道上。比如,人工智能技术应用到一些涉及生物技术、核物理、天文气象、

---

[1] 参见于群、任宗理:"执行模式智能化有效解决执行难",载《人民司法(应用)》2016年第31期。

[2] 参见张军华、顾爱兵:"当审判工作遇上人工智能——江苏南通推进'智慧法院'建设纪实",载《人民法院报》2017年6月11日,第4版。

水文地理等特别专业和高端的案件处理中[1]，在很大程度上意味着打破了一些国际大型律所对这些业务领域的垄断，为中国律师业进入这些领域提供了机遇和平台。

人工智能参与到法律全球化进程中，使律师对境外法律的获取和了解不再成为难题，为中国律师业参与全球法律服务市场提供了机遇。比如，谷歌在2016年发布了神经机器翻译，将人工智能技术应用到在线自动翻译中，极大提高了在线翻译的质量和速度。[2]在谷歌翻译可以完成大量专业翻译的情况下，语言将不再成为中国律师业跨国发展的重大障碍，有利于中国律师业"走出去"。

（四）法律人工智能发展过程中面临的客观问题

1. 数据模型的可靠性问题

就目前来看，人工智能技术应用到法律领域的一个基本前提是需要深度学习大量的法律和裁判方面的数据资料。英国的那台人工智能机器人之所以能够较为精准地预测司法裁判结果，是因为它事先扫描了584个与侮辱、折磨、隐私、公平审判相关的案例，并深度学习了特定措辞、事实和违反人权法案件中常出现的情形。这些数据资料构成了它开展运算和预测工作的基本前提和依据。

当法律人工智能过度依赖裁判文书的数据时，我们需要追问的是：裁判文书就一定是没有偏差的可靠样本吗？比如在中国，法院审判委员会上的讨论和意见、社会舆论对审判的影响、

---

[1] 参见 Phil McNally、Sohai Inayatullay："机器人的权利——二十一世纪的技术、文化和法律（下）"，邵水浩译，载《世界科学》1989年第7期。

[2] See Yonghui Wu, Mike Schuster, Zhifeng Chen, et al, Google's Neural Machine Translation System: Bridging the Gap between Human and Machine Translation, *Ar Xiv preprint arXiv*, 2016, 1609.08144.

法官对案件的真实推理过程等，都是无法全面地体现在裁判文书中的。在这种情况下，以现有裁判文书为基础建立起来的数据模型只能作为参考，而不能作为最终的运算依据。总之，数据模型的可靠性问题，将会是法律人工智能未来发展所需面临的首要问题。

2. 数据共享问题

从技术和市场层面讲，法律人工智能在未来面临着数据分享的问题。如果想将人工智能应用到法律服务和司法裁判中，则需要进行一定的顶层设计，即需要有统一的数据库、信息代码、程序模型等，否则就会因为数据和模型的不同而产生不同的认知结果。问题是，不同的生产商或者设计者是否愿意放弃相互间的"防火墙"，实现数据共享？如果不能，那么开发出来的人工智能产品对同一案件的认知逻辑和裁判结果可能会存在很大的差异，甚至不在同一个认知层次和范围内。因此，未来法律人工智能产品的升级，首先需要解决的是如何系统地建构起统一的法律推理模拟和案件裁判模型。

3. 法律人工智能的管理问题

人工智能的发展不仅会带来道德伦理等方面的问题，还会带来一系列的法律问题、公共管理问题。比如，如果机器人不顾事先编排好的程序而实施了破坏或者伤人的行为，那么该由谁来承担责任？[1]又比如，法律人工智能产品为客户提供法律服务时，如果因程序混乱而导致案件出现了问题，那么由谁来承担相应责任？制造商？生产厂家？程序编制员？数据输入者？

---

[1] 相关新闻报道参见乐学：“无人驾驶汽车出车祸到底谁该负责？”，载 http://tech.qq.com/a/20140818/008752.htm. 最后访问时间：2020年9月19日；俞洁：“震惊：机器人真的杀人了！德国大众工厂一名工人死亡，人工智能安全问题再次引发热议”，载《新闻晨报》2015年7月3日，第A15版。

还是使用它的律所？除了责任划分与承担的问题外，法律人工智能还面临谁来监督其行为的问题和个人隐私（数据）保护的问题。比如，客户在接受在线法律服务时，一般需要将其个人信息和案件信息提供给咨询平台，这个时候谁来存储和保护这些信息数据便会成为一个难题。一旦出现信息泄露情况，便又涉及责任承担的问题了。实际上，上述这些问题是当前各界讨论和争议的热点，但是最终也没有得出一个较为明确的结论。如果确定了人工智能产品的法律主体地位，那么人类的法律体系、刑罚制度、审判机制等都需要出现巨大的变动。毕竟，财产、自由、肉体的消亡等对于没有意识的机器人来讲是无意义的。

4. 执业泛化问题

在当前世界范围内，法律服务的专业化和职业化是大多数国家和地区的普遍选择。一般情况下，国家只允许取得律师执照的人向客户提供法律服务。这种通过职业资格许可制度将法律行业垄断起来的做法，虽然备受批评（如波斯纳称之为"职业卡特尔"），但也有其合理性，因为这样有利于维护当事人的权益。前文论及，人工智能产品介入法律服务市场，在很大程度上可以打破法律职业的垄断现状，实现法律服务主体的多元化，促进市场竞争机制的建立，引发律师服务行业的结构性变革。但是，一旦放开对法律服务主体资格和组织形式的限制，法律服务市场必然会出现执业泛化现象，即允许那些没有律师执照但是了解（包括通过技术手段来掌握）法律规则和司法程序的人员从事法律业务。[1]中国的基层法律服务工作者便是这种执业泛化现象的典型代表。

执业泛化现象虽然可以解决法律服务资源获取困难的问题，

---

[1] 参见张军华、顾建兵：“当审判工作遇上人工智能——江苏南通推进'智慧法院'建设纪实”，载《人民法院报》2017年6月4日，第4版。

却因为法律行业的特殊性等原因而面临着种种困境。比如，基层法律服务工作者为中国基层社会的法治建设作出了很大的贡献，但在近年来却遭遇了"合法性危机"。[1]如果人工智能技术只是辅助律师开展工作的工具，那么执业泛化的问题便不是很突出。如果是未取得律师执照的人（甚至是没有任何法律基础的非法科人士）在人工智能技术的帮助下从事本该属于律师的工作，或者人工智能产品直接承办了一些领域的法律业务，那么法律服务市场便会存在十分明显的执业泛化现象。在经济、贸易、法律、职业多重全球化的背景下，是否放宽法律服务主体的准入标准，不再只是一个国家的内部事务，还涉及其他国家是否认可和接受的问题。因此，法律人工智能引发的执业泛化问题，值得进一步观察和探讨。

（五）律师行业人工智能化的反思

在这场因"阿法狗"（AlphaGo）战胜围棋世界冠军所引发的热议中，人们对人工智能技术的忧虑和担心，远胜过了对它的期许。各界人士从自己的学科领域和认知范围出发，对人工智能的未来发展以及可能对人类社会造成的影响等作出了不同研判和解读，这本是无可厚非的。但是，如果因为信息技术、大数据、人工智能等科技的快速发展，而引发人类对自身生存问题和职业危机的过度焦虑，则是没有必要的。

在工业文明向信息文明转变的过程中，数字信息技术深刻地影响传统的人际关系、组织形式和生产方式，并改变着人类的就业结构和劳动力市场。[2]人类的一些工作逐渐由机器代劳，

---

[1] 参见刘思达：《割据的逻辑：中国法律服务市场的生态分析》，上海三联书店2011年版，第70~105页。

[2] 参见张新宝："把握法律人工智能的机遇，迎接法律人工智能的挑战"，载 http://www.legaldaily.com.cn/Culture/content/2017-06/29/content_ 7225800.htm，最后访问时间：2020年9月19日。

是科技发展的必然趋势。职业的可取代性，甚至可消亡性，并没有想象得那般恐怖。随着计算机技术的出现和普及，一些长期存在的职业会被取代，比如曾经风行一时的打字员职业如今就彻底消失了。但是，我们并不能因为会出现这种状况而否定计算机技术给人类带来的便捷和进步。

更何况，人工智能技术虽然压缩了人类律师的生存空间，但并不会消灭律师职业。只要法治仍是未来社会的核心价值理念之一，那么法律服务业就有其存在的价值，法律服务市场也不会萎缩。真正需要改变的，是律师职业的工作方式和存在模式。以法律人工智能产品来处理知识含量低、程序简单的法律业务，虽然会对较为低端的法律服务市场造成冲击，但可以提升律师行业的整体质量。总之，科技发展在给人类带来挑战的同时，也会带来无限的机遇，这正是中国律师业在今后的发展中必须面对并尽力把握的。

第二节　中国律师业的自我提升和完善

加入WTO后，中国法律服务市场的对外开放尺度是空前的，大量外国律师业者涌入中国。然而，在互惠原则下，中国律师业的海外布局却相对较少。究其原因，主要是中国律师业还不够成熟，能够参与国际竞争的律师事务所和律师比较少。比如，中国企业与美国、欧盟等国家和地区发生的反倾销反补贴、知识产权、海事海商、公益索赔等纠纷，主要是由外国律师操刀办案，中国律师只是起到辅助性的作用。所以，中国律师业的发展，不能只体现在从业人数上的增长，还应注重培育一批规模化、专业化、规范化、国际化的律师事务所和具有国际视野、专业水准且诚信勤勉的涉外律师。

一、提高中国律师队伍的整体素质

（一）完善律师行业的准入机制

中国法律服务市场的需求在不断扩大，而很多中国律师却不能从这个巨大的市场中分得一杯羹，甚至还面临较大的生存压力，究其根源，还是与自身的业务素质不高有关。提升中国涉外律师队伍的整体素质，首先要从源头抓起，改善法律人才培养模式，并适当提高律师行业的准入标准，把好"质量关"。

涉外法律人才的培养是一个系统工程，涉及培养目标设置、课程体系建设、外语能力培养、教师队伍配备、培养效果评估等诸多方面，这些要素之间形成了一个有机的整体。[1]中国当前的法学教育，显然不是精英教育。大专院校只要初具条件，便可以开设法学专业，培养出来的法律人才参差不齐，整体质量不高。这主要体现在两个方面：一是知识与社会严重脱节，法学教育过于偏重理论，缺乏对实践的重视；二是学校所教授的法学知识太过陈旧，教师和教材都不能让学生了解最新、最前沿的法学知识。法律不是象牙塔中的知识，它终究是要面向社会的。培养学生如何用学到的法律知识、法律思维、法律逻辑去解决社会中的法律问题，是法学教育需要重点关注的。要想培养出卓越的法律人才，教师首先应该是优秀的。判断一名教师优秀与否，首先要看他/她是否能够站在本学科的最前沿，是否能够将最新、最有用的知识传授给学生。所以，从整体上提升我国法学教师队伍的水平和能力，也是不容忽视的。

在过去很长一段时间内，中国律师行业的准入门槛很低。

---

[1]参见马彦峰、张法连："'一带一路'背景下涉外法律人才培养机制探究"，载《甘肃广播电视大学学报》2017年第6期。

在2018年以前，没有接受过法学教育的人可以参加司法考试，通过者可以申请获取律师执业资格。这虽然会使中国律师的数量逐年增长，但是大部分人都集中在保民生的低端服务领域。法学是一门理论和实践紧密结合的学科，系统而完整的法学教育经历可以让人们对法律有一个全面的了解。一个人如果不懂得什么是公平、正义、法治，不了解立法、执法、司法的关系，不知道法律论证、法律解释、法律推理，不熟悉各个部门法的基本原理和原则，是无法很好地从事律师职业的。法律素质的养成，不是靠死记硬背、一蹴而就得来的。非法学专业出身的人，在思维方式、知识结构、逻辑思维能力、分析解决问题的技巧、说服论辩的经验等方面，是不能与法学专业毕业生同日而语的。当然，不排除一部分人即便没有法学教育背景，也可以很好地掌握法律知识，并能够在法律行业中取得非凡的成就。但是，这样优秀的人才毕竟是少数，大部分人还是需要通过接受学校教育的方式来建立起对法律的认知和感悟。将法学教育背景作为进入律师行业的首要条件，是很多国家和地区的通行做法，美、英、德、日等国莫不如此。

"法律职业资格考试"取代"司法考试"以后，法学教育背景成为参加法律职业资格考试的必备条件之一。根据《国家统一法律职业资格考试实施办法》第9条第5款的规定，报名参加国家统一法律职业资格考试的教育背景条件包括："具备全日制普通高等学校法学类本科学历并获得学士及以上学位；全日制普通高等学校非法学类本科及以上学历，并获得法律硕士、法学硕士及以上学位；全日制普通高等学校非法学类本科及以上学历并获得相应学位且从事法律工作满3年"。不过，我们也应看到，这一条款还是预留了"口子"：第一，"全日制普通高等学校非法学类本科及以上学历并获得相应学位且从事法律工作满3年"的规定,意味着毕业于其他专业的人,只要从事3年以上的法律工作,就可以报考法律职业资格考试;第二,这一条款所规定的"法学类",不仅包括纯粹的"法学"专业,还包括知识产权、监狱学、社区矫正等专业。[1]这两个"口子"必将成为非法学专业的人士进入律师行业的主要途径,需要予以关注。

(二) 完善律师事务所的人才培养机制

当前,根据所从事业务领域的不同,律师事务所大致可分为诉讼类律师事务所和非诉讼类律师事务所两种类型。在排名靠前的中国律师事务所中,有很大一部分偏向于非诉类型。一般情况下,非诉律师事务所的人才培养模式相对较为完善一些。经过不断地学习模仿,很多大型中国律师事务所的人才培养模式已经与国际知名律师事务所接轨,如建立起了年级制、团队制、律师池制等。这些律师事务所不仅会为年轻律师提供业务培训、技能培训、数据库使用培训等,还会安排有经验的律师进行"传帮带"式的指导,并为年轻律师提供稳定可观的薪酬和较为优厚的福利待遇。这样的律师事务所是可以培育并储备一批熟悉国际法律法规、在特定专业领域具有丰富实务经验的涉外律师的。

但是,像这样机制健全、制度完善、规模初具的律师事务所,在中国还属少数。大部分中国律师事务所处于小规模的"作坊式"状态,管理粗放,创收压力大,没有自身特色和优势领域。这些律师事务所一般没有建立人才培养机制,也不会为

---

[1] 根据根据教育部印发的《普通高等学校本科专业目录(2020年)》,"法学类"是指普通高等学校本科专业法学门类下的法学类,其学科代码为0301,具体包括法学、知识产权、监狱学、信用风险管理与法律防控、国际经贸规则、司法警察学、社区矫正七个专业。

年轻律师提供稳定的薪酬和较好的福利待遇。很多年轻律师自进入律师事务所之日起，首先面临的是生存问题，他们要自己找业务做案子，自己缴纳"五险一金"。这种"放羊式"的培养模式和"提成制"的薪酬制度，不利于初入律师行业的年轻律师的成长。因此，应当鼓励律师事务所建立完善的人才培养机制，对刚起步的年轻律师实行"授薪制"，加强对律师人才综合实力的锻炼和提升。

总之，虽然中国律师的总量与人口总数相比，所占比例非常小，但是我们不能为了追求数量而忽视了质量。法律与社会的公平正义相关，法律服务是一种较为高端的服务类型。只有将法律人才培养成社会精英，社会上才能形成一种对律师行业的尊重和向往氛围。对律师行业的尊重和向往，在很大程度上就是对法律和法治的尊重和向往。

二、提高中国律师业的品牌质量

法律服务市场的竞争，说到底是对客户资源的竞争，尤其是对高端客户资源的竞争。客户最为看重的是律师能否提供专业化的法律服务。因此，提高服务质量，加强品牌建设，是中国律师事务所在今后的发展过程中需要关注的重点。

无论是要树立品牌，还是增强竞争力，最终都不可避免地要回到人的素质上来。律师事业的成长、竞争力的增强、律师事务所好的品牌的树立以及律师业在社会中独立性的维护，归根到底取决于律师素质。[1]首先，中国涉外律师应该定位于集经营、策划、咨询和法律事务于一体的综合管理者角色，尽可能地为客户设计好风险防控体系，切实维护好客户的合法权益，

---

[1] 参见黎明琳："美国法律服务业发展的经验与启示"，载《改革与开放》2011年第6期。

与客户建立起相互信任的合作关系。其次，当面对客户时，律师工作的专业化程度、工作方式和质量、沟通能力、语言优势、对客户需求的了解程度等，都是体现律师事务所品牌的重要内容。如果代理律师能够在这些方面吸引住客户，让他们产生信赖感，那么这家律师事务所的品牌便得到了树立。优质、全面、精细、专业的服务，高效系统的管理，是律师事务所树立自身品牌，提升国际竞争力的必经之路。

光有好的律师，而没有品牌意识，也不会形成好的品牌。律师事务所成立专门的部门来对自己的品牌形象进行宣传和维护，是十分有必要的。在现代经营理念中，品牌意识是一个相当重要的概念。服务质量的好坏，直接决定了律师事务所在客户中的口碑。口碑即品牌，品牌是律师事务所的软实力。无论是在英国还是日本，律师事务所都会对自己的品牌给予相当高的重视，以及合理的定位。因此，中国涉外律师业在努力提升自己的专业能力的同时，还应树立起浓烈的品牌意识，打造自身的专业品牌，在国际法律服务市场提升自己的知名度和信誉度。

第三节　中国律师业"走出去"的路径选择

市场经济很大程度上是法治经济，企业的国际化，离不开法律和律师的"保驾护航"。当前，中国正在推行"走出去"战略，大量中国企业走上了国际舞台。国际商业规则的制定权和裁断权一般掌握在西方发达国家手中，中国企业要想获得平等的市场地位和公平的市场待遇，离不开懂得国际规则的中国律师为其争取合法权益。所以，中国律师业能否走出国门，是衡量中国企业能否真正走出国门的一个重要标志。因此，在条件允许的情况下,要积极推动中国律师事务所进行海外布局,不断参与到国际法律服务市场的竞争中去。

一、建立多元化的跨境联盟机制

前文论及,律师事务所的国际化程度、海外律师的占比、境外分支机构的数量、跨境业务占创收的比重、在国际舞台上的发声等因素,都是考核一国律师业综合实力的重要指标。虽然我国加入WTO以来积极适应经济全球化对国内法律服务业的要求,中外律师行业的交流与合作得到了进一步的深化,中国律师业的涉外能力有了非常大的提高。但是与国际知名律师事务所相比,我国律师行业的国际竞争力仍然不够,"走出去"的能力还有待进一步提高。因此,应将改变过于依赖跨境业务的单一化结构,提高全行业的抗风险能力,作为中国涉外律师业未来发展的重心。

具体而言,中国涉外法律服务业"走出去"的形式,除了设立境外分支机构外,可以更多地考虑以跨国联盟或合作的形式走向国际法律服务市场。建立跨国联盟合作,可以借助于外国律师事务所的地缘优势,实现资源共享和资料共通,帮助中国企业直接对接东道国本土律师事务所,为它们提供"一站式"服务,为客户提供更多的增值服务,合理配置法律资源及商业资源。同时,与全球各国的律师建立联系,形成业务合作关系,打造国际法律服务平台,从而整合国内外资源,为两国的律师带来更多的业务源与交易机会,降低法律服务的时间、费用及人力成本,提高法律服务的效率和质量,并在最大程度上规避一些弊端的发生。总之,法律服务跨国联盟机制将使中外律师事务所在法律研究、培训交流、纠纷调处等方面开展合作,为中国公民和企业提供优质、高效的法律服务与支持保障,对于贸易的顺利进行起到加速器的作用。

近年来，各地司法行政机关和律师协会积极开展对外交流，组织律师事务所等法律服务机构参加一系列国际交流活动，组织涉外法律服务机构与外国同行建立合作关系，共建跨境法律服务平台、跨境仲裁平台，提高涉外法律服务在全球的覆盖力和影响力。事实上，跨国律师事务所联盟已经变成了行业潮流。

目前许多中国律师事务所也意识到了法律服务业在未来的国际化趋向，嗅到"一带一路"建设等倡议为法律服务国际化合作带来的契机，积极地与境外律师事务所建立多元化的联盟关系，通过各种形式的合作来提供优质的涉外法律服务。比如，我国"一带一路"法律服务合作联盟于2016年9月在新疆设立，初始成员包括24家国内律师事务所。国浩律师事务所于2015年成立了"一带一路"法律研究及服务中心，并随后推出伊朗、阿联酋、俄罗斯、日本、马来西亚、巴基斯坦、塞浦路斯和意大利等8个国家的国别法律研究。除进行相关法律法规的调查与研究外，在法律服务过程中，该中心还完成了一系列投资项目的法律服务。上海金茂凯德律师事务所在2016年成立了"一带一路"法律研究与服务中心，并先后于日本、印度、比利时等国家建立站点。德和衡律师事务所与莫斯科当地的机构合作建立了中国法中心，宣传中国法制，传播中国法律文化。

与此同时，国际律师事务所不断加大与中国律师事务所的合作力度，积极寻求在华的合作机会与合作伙伴，为来华投资的外资企业提供"一站式"法律服务。总之，经过一段时间的自然选择和市场洗牌，中外律师事务所之间的跨境联盟局面将基本稳定。当然，在合作带来机遇的同时，亦对合作信息沟通的畅通性、决策执行的有效性、利益分配的合理性等都提出了较高的要求。

二、推动涉外法律资源的整合和交流

律师业的发展是一个缓慢渐进的过程,完全听任其自我发展,可能会不利于律师业的成长,甚至在与外国律师业者竞争的过程中可能会中途夭折或者变成外国律师事务所的附庸。因此,相关政府部门应当充分利用 GATS 的有关优惠待遇及自由化过程规定给予的政策扶持,适当保护正在成长过程中的涉外律师业,避免它们在与外国律师业者竞争过程中遭受太大的冲击。不过,国家对涉外律师业的保护和扶持应当充分尊重市场规律,而不能直接从经济方面支持涉外律师事务所的发展,因为这容易形成行业对国家的依赖心理,不利于律师业自身的健康成长。

近年来,在司法部的指导下,全国律师协会围绕"一带一路"等国家倡议开展了一系列的工作,如制定涉外律师"领军人才"培养计划,举办培训班培养涉外领军人才,组织选派律师到国外学习交流,建立由国内律师和境外律师组成的国家和地区跨境律师人才库等。[1]对于中国涉外律师业的发展,除了建立跨境律师人才库外,还可以构建更为多元的资源整合平台和交流机制,让熟悉相关国家法律制度、民族宗教、风俗习惯等内容的专家学者、商务人士、中外律师能够在这个平台上进行沟通交流,形成一个法律服务体系,整合并发挥各社会资源的效率和需求。另外,还要健全优秀涉外法律人才推荐机制,将具备丰富执业经验和国际视野的涉外法律服务人才纳入国际经济、贸易组织的专家机构、评审机构、争端解决机构以及国

---

[1] 参见蒋安杰:"全国律协倾心奉献百科全书式工具书",《法制日报》2017年6月28日,第9版。

际仲裁机构中。[1]

另外,中国的使领馆和其他驻外机构除了给中国企业"走出去"提供商务服务外,还可以在中国律师业"走出去"方面发挥积极作用。比如,德和衡律师事务所与驻俄使馆教育处签署了共同培养俄语法律人才合作协议,出资培养中国的俄语法律人才。该律师事务所还在俄罗斯的一些知名法学院设立奖学金,为学生提供实习机会,并聘请研究俄罗斯法律制度的专家为顾问,提供俄罗斯法方面的业务培训。

三、建立外国法查明机制和司法协助机制

随着"一带一路"等国家倡议的稳步推进,我国涉外民商事案件的数量呈现出日趋增长的态势。但是由于立法层面的限制和司法实践中的不足,准确查明外国法律内容和正确适用外国法律仍是司法审判和仲裁面临的难题。查明外国法的方法主要有三种:当事人举证证明;法官依职权查明,当事人无须举证;以及法官依职权查明,当事人也有协助的义务。在当前形势下,我国有必要积极拓展外国法查明途径,减少对外国法查明途径的限制,构建多元化的外国法查明机制。北京、上海等一线城市可以考虑建立类似的外国法查明机制,并不断充实这个数据库,让法官和律师能快速查到相关法律法规和以往的判例,不仅能"查"到,更能"明"白,以满足全球化背景下日益增长的涉外民商事争议解决需求。

---

[1] 参见高凌燕:"共商、共享、共建 通路、通航、通商——中国律师服务'一带一路'建设",载《中国律师》2017年第7期。

第六章

中国涉外法律服务市场的规范机制和准入标准重构

加入 WTO 以来,我国积极适应经济全球化的要求,稳步推进法律服务领域的对外开放,中外律师行业的交流与合作进一步深化。[1]由前面章节的论述可知,法律制度很难形成国际统一的普适性标准。从其他国家和地区的法律服务市场的对外开放进程来看,一国法律服务市场的对外开放需要综合考虑到该国的国情、市场需求以及律师行业的成熟程度等因素,不能以偏概全地只看到其中一个方面,更不能在外界的压力下盲目地扩大对外开放,应坚持审慎稳妥的政策和循序渐进的原则。

第一节 中国涉外法律服务市场的规范与监管

在外国律师事务所进驻中国法律服务市场的标准未发生变动之前,中国现有的相关法律法规应该得到遵守和执行。既然有法可依,那么就要执法必严、违法必究。针对外国律师事务所代表机构在中国法律服务市场的种种规避法律规定的行为,我国应该采取必要的措施加强监管,对存在的不符合法律规定的行为进行规范。

---

[1] 参见李华鹏:"加强中外交流拓展涉外业务领域——全国律协研究进一步加强中外律师交流合作之路径",载《中国律师》2013 年第 12 期。

一、建立二元监督管理体系

(一) 赋予省级律师协会一定的监管权限

1. 可行性分析

目前我国审批、监管外国律师事务所驻华代表机构的部门是司法行政部门，律师协会没有管理权限。根据《外国律师事务所驻华代表机构管理条例》的规定，外国律师事务所来华设立代表机构和派驻代表，需要经过国务院司法行政部门许可，并向拟设立代表机构所在地的省级司法行政部门递交申请资料。省级司法行政部门审查完后，再交国务院司法行政部门审核。一经允许，则由省级司法行政部门办理注册手续。另外，根据该条例第 21 条的规定，国务院司法行政部门和省级政府司法行政部门负责对代表机构及其代表的监督管理。换言之，对外国律师事务所驻华代表机构和代表的审批权和监管权由国务院和省级政府的司法行政部门拥有，其他部门和团体无权插手。

司法行政机关作为国家机关，在对涉外法律服务市场进行规范时具有一定局限性。而律师协会作为行业自治组织，在实施行业规范和监管方面具有很大的灵活性和专业性，因此可以让它介入涉外法律服务市场的监督管理中。而且，发挥律师协会组织的监管作用是很多国家和地区的通行做法。所以，为了更好地对外国律师事务所驻华代表机构实施监管，可以考虑赋予律师协会一定的监管权限，逐步形成司法行政机构和律师协会相结合的二元综合监管体系。将部分监管权限赋予律师协会后，司法行政机关可以从微观繁琐的具体事务中解脱出来，着重于宏观管理和导向，健全和完善法律服务市场的治理体系。

美国的律师管理权限主要由律师协会和法院共同行使。就分工而言，美国律师协会主要负责对律师的法学教育以及制定各种职业准则,而法院则负责颁发律师执照以及行使司法权监督、管理和惩戒律师。就管理地位而言,以律师协会为主,法院为辅。因此,美国律师协会在制定管理律师(包括内国律师与外国律师、州内律师与州外律师)的国内法规方面起着重要的作用。比如,根据美国律师协会"多辖区执业委员会"的建议,《美国律师协会外国律师临时执业示范规则》将《美国律师职业行为示范规则》第 5 条第 5 款的"安全港"概念扩大适用于外国律师。如果外国律师能够达到该示范规则的要求,可以在美国的特定辖区内正常执业;如果达不到该要求,则只能在美国临时执业。又如,根据该委员会的建议,美国律师协会规定外国律师在美国执业的方式有五种。由此可见,外国律师在美国的执业活动主要由美国律师协会来规范和管理。

2. 权限划分

建立司法行政机关与律师协会相结合的二元监管机制,可以很好地解决当前中国涉外法律服务市场中存在的诸多问题,实现法律服务市场的良性运转。任何机制的改革都会牵扯到方方面面,赋予律师协会一定的监管权限,必须要考虑到立法调整、权限分配、经验提炼等诸多具体的问题,这需要在具体操作中逐步地去解决。

首先,司法权是国家主权的象征之一,外国律师事务所来华开设代表机构或派驻代表由国家机关审批体现了国家对司法主权的控制和支配,因此,国务院和省级政府的司法行政部门对外国律师事务所进入中国法律服务市场的审批权必须保留。其次,加强律师协会对外国律师事务所在华分支机构的监管权限的同时,要强调这种监管权限需经司法行政部门授权,且要接受司法行政部门的监督和制约。

对涉外法律服务市场的监管可以划分为两个层次,规则的制定权、违法行为的处罚权、中外监管的对接交流等象征国家主权的权限，必须由国家司法行政机关持有。司法行政部门可以考虑从规范、准入、监督、协调四个方面对涉外法律服务市场进行宏观管理，比如，对涉外法律服务市场进行政策研究，制定前景规划，完善相关立法和规章，搭建平台，优化涉外法律服务市场的准入门槛和制度环境。而涉及行业规范、日常执业活动监管、轻微行业处罚等内容时，则可以由省级律师协会来负责。两级管理体制和处罚体系的权限分配建议如下：

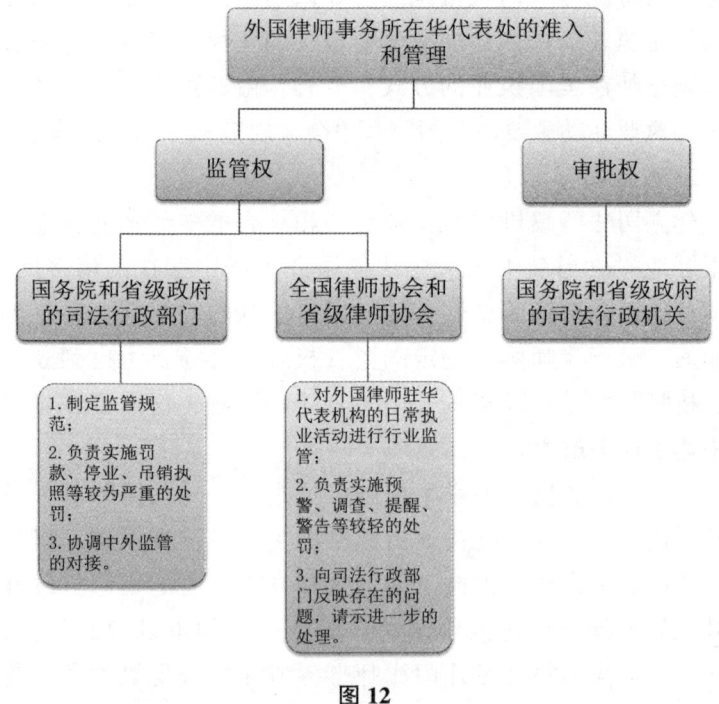

图 12

另外，根据全国律师协会公布的章程，律师协会的职责主要是服务、规范、监管我国的律师群体。外国律师事务所驻华代表机构在中国不能以律师事务所的身份营业，其工作人员也不能以律师的身份执业，这种情况下律师协会就不能对他们进行监管和规范。因此，如果赋予律师协会相关的监管权，那么需要对律师协会的定位和规则进行修改。

（二）省级律师协会建立"特邀会员"制

律师协会对涉外法律服务市场进行规范和监管有一个前提，那便是外国律师事务所驻华代表机构及其代表需要加入律师协会，成为律师协会的会员，否则律师协会的监管就会"名不正，言不顺"。基于中国的特殊国情，可以考虑允许外国律所驻华代表机构及其代表加入省一级律师协会组织，由该级别的律师协会根据国家的法律法规和相关政策对其实施日常的监督管理工作。

上面章节论及，外国律所驻华代表机构及其代表主要集中在东部地区，其中绝大部分分布在上海和北京这两座中国发达的一线城市，而这些地区的律师服务业相对较为发达，行业自治机制较为完善，行业自治组织的监管经验也比较丰富。在这种情况下，要求外国律所驻华代表机构及其代表加入省一级律师协会组织，加强行业自治组织对涉外法律服务市场的监管，是具有较大可行性的，这些地区的律师协会有能力、有条件、有经验来做好对涉外法律服务市场的监管。

实际上，上海市律师协会已经就如何将外国律所驻沪代表机构及其代表纳入到行业监管范围内作出了自己的尝试。比如建立"特邀会员"机制，将公司律师、公职律师、外国律所驻华代表机构及其代表纳入"特别会员"体系中来：其具体情况是这样的：2012年1月19日，上海市律师协会九届理事会第五次会议通过了《上海市律师协会特邀会员规则（试行）》，该规则规定上海市律师协会将邀请在上海市司法行政机关登记注册的以下机构和个人作为特邀会员加入律师协会：

（一）经批准参与公司律师试点工作的公司或企业，以及其内部持有国家司法行政机关颁发的《律师工作证》的公司律师；

（二）持有国家司法行政机关颁发的《律师工作证》的公职律师；

（三）经批准设立的外国律师事务所驻沪代表机构及代表；

（四）经批准设立的港、澳及其他地区律师事务所驻沪代表机构及代表。

需要注意的是，上海市律师协会出台的这项规则只是一份自治组织的文件，非国家机关的法律文件，不具有法定拘束力和强制力。更何况，该规则强调的是"邀请"，而非必须加入。如此一来，外国律所驻沪代表机构及其代表是否要成为"特邀会员"，全靠其自己的意愿，上海市律师协会是无权干涉的。但需要肯定的是，上海市律师协会所作出的这一项尝试是非常具有意义和价值的，为如何从行业自治的层面加强对中国涉外法律服务市场的监管提供了实践经验。

二、调整完善相关法律法规

首先，修改完善两份主要法律文件。当前，调整外国律师事务所代表机构在华活动的主要是《外国律师事务所驻华代表机构管理条例》和《司法部关于执行〈外国律师事务所驻华代表机构管理条例〉的规定》。这两份法律文件分别制定于2001年和2002年，是在中国加入WTO的大背景下出台的。在这20年中，中国法律服务市场发生了较大的发展变化，这两部法律文件也需要作进一步的修改完善，以适应时代发展的需要。因此，需要对两部法律文件中存在的模糊不清之处进行明确，对矛盾混淆之处进行梳理，对规范缺失的地方进行立法弥补。

其次，对于《外国律师事务所驻华代表机构管理条例》及

第六章 中国涉外法律服务市场的规范机制和准入标准重构

其执行规定与其他行政法规脱节的问题，可以通过对在华外国律师事务所和律师的身份进行立法明确的方式予以解决。外国律师事务所和律师与中国律师事务所和律师的区别主要体现在称谓和从业范围上，外国律师事务所驻华代表不能以律师的名义和身份在中国执业，驻华代表机构也不能以律师事务所的形式存在。《律师和律师事务所违法行为处罚办法》《律师执业管理办法》《律师事务所管理办法》等法规针对的是中国的律师事务所和律师，不能适用于外国律师事务所驻华代表处及代表。但需要看到的是，如果就从业活动的性质来看，外国律师事务所驻华代表在向当事人提供有关其母国法律、国际条约、国际惯例的咨询时，其行为符合法律服务的一般特征。因此，可以考虑将这些外国律师事务所驻华代表作为律师的一种特殊形式，外国律师事务所驻华代表机构也可以视为律师事务所的一种特殊形式。

基于此，我们可以考虑在《律师法》中确立我国的司法行政部门和律师协会组织对外国律师事务所驻华代表机构及代表进行监管的原则，同时明确规定外国律师事务所驻华代表机构及代表是我国律师事务所和律师的特别形式。至于准入条件、从业范围、监管内容、惩戒措施等更为具体的内容，可以由《外国律师事务所驻华代表机构管理条例》及其执行规定来作全面安排。这样做的一个好处是，可以将外国律师事务所驻华代表机构及其代表纳入到我国《律师法》的调整范围内来，其法律位阶和法律效力更高。相关的行政法规也可以适用于外国律师事务所代表处及其代表。另外，考虑到国内律师事务所及律师可能会配合外国律师事务所驻华代表机构及代表进行违规执业，所以应对这些国内律师事务所及律师规定相关惩罚措施。[1]

---

[1] 参见向涛："对外国律师事务所驻华代表机构及代表的监管问题研究"，载《中国律师》2011年第3期。

第二节 重新审视中国涉外法律服务市场的准入标准

准入门槛过高吗？

前文论及，由于法律服务的特殊属性，对涉外法律服务市场设置一定的准入门槛是有必要的。当前绝大部分国家和地区都对外国律师事务所和律师设置了准入门槛，只是标准有高有低。在这样一种背景下，中国对外国律师事务所来华执业设置准入门槛也就无可厚非了。至于准入标准的高低，则需要根据中国的国情，并在参考借鉴其他国家和地区的实践经验的基础上予以确立。

当前，《外国律师事务所驻华代表机构管理条例》第7条从职业道德、执业纪律、执业资格、执业年限、实际需求等方面对外国律师事务所和律师的准入提出了要求。外国律师事务所如果申请在华设立代表机构、派驻代表，应当具备下列条件：①该外国律师事务所已在其本国合法执业，并且没有因违反律师职业道德、执业纪律受到处罚；②代表机构的代表应当是执业律师和执业资格取得国律师协会会员，并且已在中国境外执业不少于2年，没有受过刑事处罚或者没有因违反律师职业道德、执业纪律受过处罚；其中，首席代表已在中国境外执业不少于3年，并且是该外国律师事务所的合伙人或者是相同职位的人员；③有在华设立代表机构开展法律服务业务的实际需要。

相对于其他一些国家和地区，中国对外国律师事务所和律师设置的这些准入条件是十分宽松的。上述三款规定都是最基本的要求和条件，没有对外国律师的教育经历、资格考试、居留时间等提出更多的要求。其实,中国完全可以对外国律师来华从业提出更高的要求,比如,可以要求外国律师事务所驻华代表通过中国为他们设置的资格考试,取得一定的执照后方能从业。美国的一些州和德国都有这样的规定。

中国在外国律师事务所及其代表的准入条件上可以作出进一步的调整,适当提高准入门槛。这样做并非是闭关锁国,保守排外,而是从实际出发,提高外国律师事务所驻华代表在中国法律服务市场的从业质量。毕竟,中国的管理条例是允许他们可以提供有关中国法律环境影响的信息的,如果他们连中国的基本法律体系和法律内容都不了解,怎样保证他们提供的有关中国法律环境影响的信息是正确的呢?所以,在管理条例第7条所规定的三项条件后面加上一项"通过一定资格考试"的要求,是可以考虑的。

第三节 未来进一步开放中国涉外法律服务市场的规划设想

中国法律服务市场的对外开放,需要综合考虑到各方面的因素,不应一蹴而就。笔者在下文中提出允许外国律师以律师的身份在华执业,并非是建议中国在短时间内实现这一目标,而是建议将其作为一项长远的开放规划,在15年到20年的时间内有计划有步骤地逐步推进。在过去30多年的时间内,中国律师行业的发展势头十分迅猛,大部分律师事务所正在向高端、精品、规模化的方向发展,律师的专业水平和业务能力也都在迅速提高。如果继续保持这种发展势头和方向,可以预见在15年左右的时间里,中国的律师行业可以再上一个台阶。届时,中国有限度地允许外国律师事务所和律师来华执业,不会对中国律师行业造成过大的冲击和影响。所以，中国法律服务市场的对外开放应该坚持的原则是：总体开放，速度放缓；长远规划，稳步推进。

一、外国律师在华从业的身份设计

（一）外国法律顾问身份

由上文对其他国家和地区的经验介绍可知，它们一般将在其本国从业的外国律师分为"律师"和"法律顾问"两种。如果外国律师想以律师的身份在该国执业，则需要满足一系列较为严苛的条件和要求。如果是以法律顾问的身份从业，则需要满足的条件相对较少，而其所能从事的业务范围也相应地会受到很多限制。中国当前对外国律师事务所驻华代表的界定，实际上就类似于欧美日等国的"法律顾问"概念。

（二）外籍律师身份

上文提及，外国律师事务所和律师与中国律师事务所和律师的区别主要体现在称谓和从业范围上。美英等国家对外国律师不能以"律师"的名义和身份在中国大陆执业，外国律师事务所也不能以"律师事务所"的形式存在深感不满。实际上，对律师和律师事务所名义和身份的争议只是表面现象，真正争议的焦点是外国律师在华可从事的业务范围。因此，中国完全可以在外国律师在华从业的身份上作一些变通性的制度设计。比如，中国可以借鉴美国、德国、日本等国的做法，设置"驻华代表"和"外籍律师"两种类型。根据互惠对等原则，"外籍律师"的身份只对与中国签有双边协定的国家和地区的律师开放，其他国家和地区的律师则继续以"驻华代表"的身份在华从业。

因此，笔者认为可以在《外国律师事务所驻华代表机构管理条例》的基础上，制定《外国律师在华从业法》。对于外国律师事务所驻华机构及其代表，继续适用管理条例中的相关规定，并增加资格考试的内容。对于"外籍律师"的资格取得，可在参考其他国家和地区做法的基础上，从以下几个方面进行规定：

第一，法律教育背景。"外籍律师"必须要有中国司法行政部门认可的法学教育背景，并需要在中国司法行政部门指定的高校接受3年以上有关中国法律的法学教育。美、德等国都对外国律师的教育背景提出了要求，中国完全可以借鉴它们的相关做法。

第二，特定资格考试。律师执业资格须通过相关考试后方能取得，这是绝大部分国家和地区的一致做法。除了欧盟内部和一些双边贸易协定的特殊约定外，其他绝大部分情况下，外国律师如果想在东道国以律师身份执业，都需要通过东道国设置的特定考试。这既是对东道国司法主权的尊重，也是对东道国本土律师的尊重。所以，外国律师要想在中国取得"外籍律师"的身份，必须通过中国设置的资格考试。

在德国，欧盟成员国的律师在德从事其本国法律事务，只需要在德居住一定年限（一般为3年），并经德国律师协会登记后，即可开展业务。而对于非欧盟成员国的律师，到德国从事本国法律事务则必须要通过德国律师协会举行的特别考试，同时还要根据当地对申请人提供的服务是否有需求加以判定。以德国为参照，外国律师如果想在中国以外国律师的身份从业，必须以中文参加中国司法行政部门设置的特殊考试，并取得相关证书。这是最基本的前提条件。同时，还要对参加考试者的资格和道德条件进行审查。

（三）中国律师身份

外国律师如果想以"中国律师"的身份执业，则必须达到中国公民申请律师执业资格所需满足的所有条件，包括获得中国国籍、拥护中国宪法、取得法律职业资格，等等。其中有三个条件需要予以特别明确：

1. 须以中文参加法律职业资格考试。外国律师归化为中国公民后，参加法律职业资格考试时，使用语言须是中文。目前，没有一个国家和地区会在未经考试的情况下，无条件地授予外国律师其本国律师的资格。即便是法律服务市场高度开放的英国，外国律师要取得英国律师的身份，也需要满足三个基本条件：来自普通法系国家或地区的律师，符合英国1990年《法律协会合格律师转换条例》规定的条件，通过严格的审查考试。所使用语言必须是英语。在德国，外国人如要取得德国律师资格，必须同本国公民一样通过考试，并符合道德条件。虽然在德国取得律师资格无国籍限制，但实际上外国律师要在德国取得律师资格实非易事，因为他们要通过长跨7至9年的两次考试，每次考试都要有6个小时的口试和9天的笔试。上述考试，均需以德语完成。

2. 完成一定业务实习。很多国家都规定，外国律师通过律师资格考试后，还需要在完成一定的业务实习后方能取得律师资格。在日本，司法修习是取得日本律师资格的必经程序，日本《律师法》规定司法修习生必须具有日本国籍，这实际上关掉了外国律师取得日本律师资格的门路。在德国，外国律师想取得德国律师资格证，不仅要满足德国认可的法学教育背景、通过德国的律师资格考试等要求，还需要在指定的法官、政府官员或律师指导下，完成一定年限的法律业务实习。美国的一些州也有这样的规定。因此，中国完全可以规定，通过特定考试的外国律师，如果想以律师的身份在中国执业，必须在中国司法行政部门指定的法官、律师、法学教授的指导下，进行为期1年以上的业务实习。

3. 加入中国律师协会。在满足以上条件之后，外国律师需要经过我国司法行政部门审查通过后，方能注册为"外籍律师"，并需加入中国的律师协会。

二、有步骤地放开外国律师事务所的准入限制

对于外国律师事务所，可以参考韩国和新加坡的做法，分阶段有步骤地允许它们进入中国法律服务市场。比如，第一阶段可以允许外国律师事务所与中国律师事务所开展业务合作，形成业务联盟，现在上海自由贸易试验区正在做这一方面的试点。第二阶段可以有限度地允许外国律师事务所与中国律师事务所建立合营关系，通过设立合资律师事务所的形式在中国境内提供法律服务，并雇佣中国律师。

三、以"正面清单"和"负面清单"相结合的方式放开业务限制

对于外国律师事务所代表机构及其代表能够从事的业务范围，中国目前是以"正面清单"和"负面清单"相结合的方式进行界定的。《外国律师事务所驻华代表机构管理条例》第15条规定的内容实际上就是一种"法无允许不可为"的"正面清单"，它规定外国律师代表机构及其代表只能从事不包括中国法律事务的下列活动：第一，提供有关其母国法（已获准从事律师执业业务的国家法律）、国际条约、国际惯例方面的咨询；第二，接受当事人或者中国律师事务所的委托，办理其母国的法律事务；第三，代表外国当事人，委托中国律师事务所办理中国法律事务；第四，通过订立合同与中国律师事务所保持长期的委托关系，办理法律事务；第五，提供有关中国法律环境影响的信息。

同时，管理条例及其执行规定又进一步规定了"负面清单"，即代表机构及其代表不得从事管理条例第15条第1款、第2款规定以外的其他法律服务活动或者其他营利活动。代表机构不得聘用中国执业律师，聘用的辅助人员不得为当事人提供法律服务。不能以律师身份在中国境内参与诉讼活动。不能就合同、协议、章程或其他书面文件中适用中国法律的具体问题提供意见或证明。不能就适用中国法律的行为或事件提供意见和证明。不能在仲裁活动中，以代理人身份对中国法律的适用以及涉及中国法律的事实发表代理意见或评论。不能代表委托人向中国政府机关或其他法律法规授权的具有行政管理职能的组织办理登记、变更、申请、备案手续以及其他手续。

实际上，很多国家都在涉外法律服务市场的开放方面采用了这种"允许"与"禁止"相结合的模式。在将来，如果中国允许外籍律师存在，那么可以从业务范围方面对外国律师事务所驻华代表和两种类型的外籍律师进行区分。具体而言，外国律师事务所驻华代表还需遵守《外国律师事务所驻华代表机构管理条例》及其执行规定的要求，在上述"正面清单"和"负面清单"所规定的业务范围内执业。

对于"外籍律师"，可以通过"正面清单"的形式列举出允许他们从事的业务，比如涉及中国法律的国际经贸、金融、海商、投资、商事仲裁、劳动等领域的非诉讼类业务。未被规定在"正面清单"中的业务领域，则不得以律师的身份涉足。

对于归化到中国后，通过了中国法律职业资格考试，取得中国律师执业资格的外国律师，考虑到国家安全、社会稳定等问题，可以通过"负面清单"的形式列举出他们不得涉足的领域，比如，可以禁止他们从事以下领域的法律事务：涉及中国国家主权和安全的案件、涉及中国政治体制的案件、法律明文规定的只适用于中国律师出庭的业务，以及刑事、行政、婚姻家庭、不动产买卖、重大商事诉讼、知识产权等领域的法律事务。

需要再次强调的是，对外国律师进一步开放法律服务市场，需要从长计议，并要审慎评估和长远规划，不能贸然扩大开放。

四、在自贸区"先试先行"

在中国法律服务市场对外开放的长期规划中，可以考虑将自贸区作为"先试先行"的示范区，在实践中不断探索中国法律服务市场该如何对外开放，研判扩大开放法律服务市场可能对中国律师行业带来什么样的影响和冲击。实际上，"司复〔2014〕3号文"所规定的互派律师和联营的合作机制就是在对法律服务市场的进一步开放做尝试。

另外，欧盟和韩国的"双轨制"开放模式值得中国借鉴学习。中国可以在自由贸易试验区以及与其他国家签订的自贸协定的范围内，适当地降低法律服务市场的准入门槛，较大幅度地扩大对外开放。实际上，中国已经有了这种"双轨制"的实践经验。在推行"双轨制"时，要着重考虑到如何防范一些不能受惠的法律服务提供商利用制度漏洞滥用优惠措施。这些问题需要在制定相关政策和制度时予以特别注意。

结 语

随着经济全球化和贸易自由化的加速发展，法律服务的跨境流动也越来越频繁。但是，法律服务的特殊属性，决定了各个国家和地区在它的对外开放方面都持审慎的态度，几乎毫无例外地都设置了一定程度的准入门槛和监管举措。1978年以来，中国法律服务市场也随着经济全球化的发展和改革开放的需要而逐步地对外开放。自1992年正式允许外国律所来华开设代表机构以来，大量外国律所开始进入中国法律服务市场，并在2001年中国加入WTO组织后形成一个高潮。尽管与英美等国家和地区相比，中国法律服务市场对外开放的程度尚有不足，但是相较于WTO大多数成员方的做法，中国无疑又走在了世界前列。法律服务市场的对外开放，需要综合考虑到国情、市场需求、本土律师业的成熟度、国际经贸规则的规定等各种因素，而不能在"压力"下贸然扩大对外开放。所以，无论围绕中国涉外法律服务市场的准入机制和监管举措产生多少的争议和指责，中国都不能贸然大幅度降低或完全撤销准入门槛，而是要坚持自主开放和对等开放的原则，审慎稳妥地逐步扩大法律服务市场的对外开放。

中国经济的快速发展和市场需求的不断扩大，为法律服务业提供了广阔的发展平台和市场前景。但是，面对如此巨大的市场份额，中国本土律师却无法"吃饱喝足"，他们从中分得的"羹"很少，大部分人集中在保民生的低端业务领域苦苦挣扎，面临着较大的生存压力。而促发展的高端业务领域,则由少数中国律师和外国律师事务所驻华代表处占据。究其原因,还是与自身的业务素质不高有关。高端业务领域的准入门槛较高,很多中国律师"心有余而力不足",只能"望洋兴叹"。从1979年恢复重建到2020年底,现代意义上的律师业在中国大陆走过了四十多年的历程,其发展之速和成长之快,举世瞩目。然而,与一些动辄有上百年甚至几百年历史的大型国际律师事务所相比,中国律师事务所还有很长的路要走。更何况,中国律师业还面临着一些无法回避的客观问题,它们在一定程度上成为中国律师业国际化进程中的"绊脚石"。中国律师业要正视自身的不足,通过各种方式来发展壮大自己,不断提升在国际法律服务市场上的竞争力。

附录一 Appendix 1
全球综合排名前100的律师事务所情况[1]
（2014年、2015年）

律所名称	2015年排名	2014年排名	总收入（亿/美元）	律师数量（人）	人均创收（万/美元）	分布国家（个）	本国律师量比	合伙人数量（人）
美国瑞生国际律师事务所	1	1	26.5	2177	121.5	14	68%	454
美国贝克·麦坚时国际律师事务所	2	2	26.2	6045	43.5	47	15%	695
英国欧华律师事务所	3	3	25.43	3756	67.5	32	34%	386
美国世达律师事务所	4	4	24.1	1677	143.5	13	80%	375
美国凯易国际律师事务所	5	6	23.05	1619	142.5	4	84%	351
中国大成律师事务所	6	19	21.2	6568	32.5	54	58%	1068
英国高伟绅律师事务所	7	5	21.185	2503	84.5	21	29%	402

---

[1] 本表格根据《美国律师》的榜单制作而成。See The Global 100, *The American Lawyer*, September 26, 2016. Website：http://www.americanlawyer.com/id=1202767838452/The-Global-100?slreturn=20160925052541，最后访问时间：2020年9月19日。

附录一 全球综合排名前100的律师事务所情况（2014年、2015年）

续表

律所名称	2015年排名	2014年排名	总收入（亿/美元）	律师数量（人）	人均创收（万/美元）	分布国家（个）	本国律师量比	合伙人数量（人）
英国富而德律师事务所	8	9	20.28	2056	98.5	18	42%	419
英国安理国际律师事务所	9	7	20.025	2066	97	31	36%	434
英国年利达律师事务所	9	8	20.025	2204	91	20	38%	436
美国众达律师事务所	11	10	19.41	2562	75.5	18	64%	928
美国盛德国际律师事务所	12	13	18.67	1779	105	8	84%	342
美国摩根路易斯律师事务所	13	17	18.44	1880	98	11	88%	520
英国霍金路伟国际律师事务所	14	12	18.19	2516	72.5	21	27%	533
英国诺顿罗氏律师事务所	15	11	17.67	3372	52.5	27	21%	912
美国吉布森律师事务所	16	15	15.355	1212	126.5	9	87%	297
美国伟凯律师事务所	17	14	15.235	1914	79.5	26	31%	287
美国瑞格律师事务所	18	28	13.9	1106	125.5	5	83%	282
英国史密夫斐尔律师事务所	19	16	13.295	1956	68	18	34%	332

续表

律所名称	2015年排名	2014年排名	总收入(亿/美元)	律师数量(人)	人均创收(万/美元)	分布国家(个)	本国律师量比	合伙人数量(人)
美国GT国际律师事务所	20	20	13.215	1809	73	10	88%	304
美国苏利文·克伦威尔律师事务所	21	18	13.14	792	166	7	80%	168
美国盛信律师事务所	22	22	12.78	961	133	6	83%	187
孖士打律师行（Mayer Brown）	23	24	12.57	1507	83.5	11	54%	286
美国佳利律师事务所	24	21	12.125	1203	101	12	52%	189
美国威嘉律师事务所	25	26	11.64	1063	109.5	9	65%	164
美国威凯平和而德律师事务所	26	31	11.4	907	125.5	5	90%	280
欧洲CMS律师事务所集团	27	23	11.24	2610	43	34	25%	526
英国礼德律师事务所	28	25	11.23	1618	69.5	9	65%	308
美国宝维斯律师事务所	29	33	11.095	949	117	5	94%	140
美国达维律师事务所	30	30	11	894	123	7	78%	153

附录一 全球综合排名前100的律师事务所情况（2014年、2015年）

续表

律所名称	2015年排名	2014年排名	总收入（亿/美元）	律师数量（人）	人均创收（万/美元）	分布国家（个）	本国律师量比	合伙人数量（人）
美国高盖茨律师事务所	31	27	10.65	1852	57.5	16	64%	210
美国普衡律师事务所	32	34	10.565	912	116	9	77%	195
美国昆毅律师事务所	33	29	10.425	674	154.5	9	87%	156
中国金杜律师事务所	34	32	10.2	2250	45.5	16	54%	356
美国 King & Spalding 律师事务所	35	36	10.185	936	109	10	83%	178
美国美富律师事务所	36	35	9.795	941	104	7	75%	242
美国艾金·岗波律师事务所	37	41	9.3	851	109	8	81%	210
美国翰宇国际律师事务所	38	40	9.29	1426	65	20	45%	146
美国奥睿律师事务所	39	39	9.13	916	99.5	9	65%	128
美国科律律师事务所	40	45	9.12	801	114	3	93%	196
美国 McDermott Will & Emery 律师事务所	41	38	8.915	981	91	8	80%	195

续表

律所名称	2015年排名	2014年排名	总收入（亿/美元）	律师数量（人）	人均创收（万/美元）	分布国家（个）	本国律师量比	合伙人数量（人）
美国德杰律师事务所	42	43	8.9	884	100.5	13	67%	163
美国高赢国际律师事务所	43	46	8.655	790	109.5	4	96%	195
美国谢尔曼·思特灵律师事务所	44	42	8.605	839	102.5	13	50%	162
美国Wachtell, Lipton, Rosen & Katz律师事务所	45	52	8.315	261	318.5	1	100%	84
美国普洛思律师事务	46	44	8.225	701	117.5	5	90%	169
美国温斯顿律师事务所	47	46	8.185	808	101.5	9	90%	146
澳大利亚亚司特律师事务所	48	37	7.72	1412	54.5	15	37%	260
美国美邦律师事务所	49	48	7.71	649	119	8	69%	146
美国德普律师事务所	50	49	7.57	615	123	6	75%	134
英国司力达律师事务所	51	75	7.565	515	147	5	89%	112
美国博钦律师事务所	52	50	7.485	938	80	2	100%	185
美国Holland & Knight律师事务所	53	54	7.44	1044	71.5	9	95%	176

附录一　全球综合排名前100的律师事务所情况（2014年、2015年）

续表

律所名称	2015年排名	2014年排名	总收入（亿/美元）	律师数量（人）	人均创收（万/美元）	分布国家（个）	本国律师量比	合伙人数量（人）
美国科文顿·柏灵律师事务所	54	51	7.425	793	93.5	5	85%	257
美国威尔逊·桑西尼·古奇·罗沙迪律师事务所	55	62	7.35	698	105.5	3	96%	132
美国贝克博茨律师事务所	56	59	7.045	699	101	7	85%	167
美国美迈斯律师事务所	57	55	6.895	634	109	7	89%	170
美国Alston & Bird律师事务所	58	63	6.88	752	91.5	3	100%	142
韩国金·张律师事务所	59	0	6.868	816	84	2	80%	122
英国其礼律师事务所	60	60	6.835	1864	36.5	21	25%	177
美国富理达律师事务所	61	55	6.82	845	80.5	4	99%	147
美国Cravath, Swaine & Moore律师事务所	62	61	6.665	472	141	2	91%	90
美国Willkie-Farr&Gallagher律师事务所	63	64	6.58	570	115.5	6	79%	140

续表

律所名称	2015年排名	2014年排名	总收入（亿/美元）	律师数量（人）	人均创收（万/美元）	分布国家（个）	本国律师量比	合伙人数量（人）
美国McGuire Woods律师事务所	64	67	6.535	965	67.5	3	96%	174
美国Arnold &Porter律师事务所	65	53	6.5	666	97.5	3	93%	234
美国Baker &Hostetler律师事务所	66	69	6.335	905	70	1	100%	168
美国文森·艾尔斯律师事务所	67	58	6.275	608	103	7	89%	145
英国安睿顺德伦国际律师事务所	68	66	6.2	1237	50	11	86%	118
美国博恩·凯悟律师事务所	69	65	6.17	910	68	6	92%	203
美国Locke Lord律师事务所	70	88	5.97	847	70.5	5	93%	177
美国赛法思·肖律师事务所	71	72	5.9	798	74	4	95%	192
英国品诚梅森律师事务所	72	68	5.845	1394	42	9	86%	194
美国凯腾律师事务所	73	74	5.615	623	90	3	97%	149

附录一　全球综合排名前 100 的律师事务所情况（2014 年、2015 年）

续表

律所名称	2015年排名	2014年排名	总收入（亿/美元）	律师数量（人）	人均创收（万/美元）	分布国家（个）	本国律师量比	合伙人数量（人）
美国盛智律师事务所	74	76	5.595	606	92.5	5	96%	121
美国普盈安卓律师事务所	75	71	5.57	598	93	5	92%	152
美国何威律师事务所	76	70	5.28	696	76	6	92%	167
加拿大 Osler, Hoskin&Harcourt 律师事务所	77	0	5.225	550	95	2	95%	200
美国 Little-Mendelson 律师事务所	78	73	5.065	974	52	12	88%	382
美国法朗克律师事务所	79	80	5.045	412	122.5	4	90%	104
美国 Fragomen, DelRey, Bernsen & Loewy 律师事务所	80	84	4.94	519	95	19	58%	64
美国 Venable 律师事务所	81	83	4.77	596	80	1	100%	162
美国长盛律师事务所	82	89	4.685	626	75	2	94%	186
美国贝克·丹尼尔斯律师事务所	83	81	4.66	670	69.5	3	96%	227

续表

律所名称	2015年排名	2014年排名	总收入（亿/美元）	律师数量（人）	人均创收（万/美元）	分布国家（个）	本国律师量比	合伙人数量（人）
美国Jenner&Block律师事务所	84	91	4.65	436	106.5	2	99%	114
美国凯威莱德律师事务所	85	77	4.635	448	103.5	4	81	47%
美国尼克松·皮博迪律师事务所	86	92	4.61	634	72.5	2	100%	150
英国西盟斯律师事务所	87	78	4.51	712	68.5	18	50%	152
新加坡德茂欣律师事务所	88	86	4.345	626	69.5	5	94%	119
加拿大布雷克·卡索斯·格莱登律师事务所	89	0	4.248	549	77.5	6	97%	192
美国凯拓国际律师事务所	90	90	4.115	574	71.5	4	95%	109
美国Polsinelli律师事务所	91	0	4.1	720	57	1	100%	118
美国Drinker Biddle&Reath律师事务所	92	0	4.095	544	75.5	2	99%	176
美国Jackson Lewis律师事务所	93	98	4.07	755	54	2	100%	236
美国Lewis Brisbois Bisgaard律师事务所	94	0	4.06	1015	40	1	100%	102

附录一 全球综合排名前100的律师事务所情况（2014年、2015年）

续表

律所名称	2015年排名	2014年排名	总收入（亿/美元）	律师数量（人）	人均创收（万/美元）	分布国家（个）	本国律师量比	合伙人数量（人）
美国 Schulte Roth & Zabel 律师事务所	95	93	4.055	355	114	2	94%	85
美国 Williams & Connolly 律师事务所	96	94	4.03	304	132.5	1	100%	117
美国 Ogletree, Deakins, Nash Smoak & Stewart 律师事务所	97	0	3.99	721	55.5	5	97%	181
美国斐锐律师事务所	98	0	3.95	338	117	2	98%	106
英国博闻律师事务所	99	87	3.89	654	59.5	12	71%	83
德国泰乐信律师事务所	100	95	3.89	899	43.5	20	37%	239

附录二 Appendix 2
中国综合排名前35的律师事务所情况[1]（2015年）

律所名称	总收入（千万/美元）	人均创收（万/美元）	律师人数（人）	国内分所数量（所）	海外分支机构（个）	合伙人数量（人）	成立年份
北京市大成律师事务所	212	32.28	6568	43	90	808	1992
北京市金杜律师事务所	102	45.33	2250	11	21	245	1993
北京市中伦律师事务所	31.5	24.55	1283	8	6	240	1993
国浩律师事务所	20.7	17.25	1200	21	4	377	1998
上海市锦天城律师事务所	20.7	16.84	1229	14	1	398	1998
北京市盈科律师事务所	20.2	4.1	4929	39	34	411	2001
北京市君合律师事务所	18.6	46.04	404	5	3	200	1989
北京市德恒律师事务所	15.9	11.93	1333	25	5	9（全球合伙人）	1993
上海市方达律师事务所	11.95	35.25	339	3	1	79	1993
北京市竞天公诚律师事务所	7.65	20.68	370	4	1	82	1992

[1] 本表格根据《美国律师》的榜单制作而成。See Anna Zhang, "Revenues Climb at China's Biggest Firms", *The American Lawyer*, September 8, 2016. Website: https://www.law.com/americanlawyer/almID/1202766982153/，最后访问时间：2020年9月19日。

附录二 中国综合排名前35的律师事务所情况（2015年）

续表

律所名称	总收入（千万/美元）	人均创收（万/美元）	律师人数（人）	国内分所数量（所）	海外分支机构（个）	合伙人数量（人）	成立年份
北京市康达律师事务所	5.9	12.04	490	12	0	106	1988
北京市金诚同达律师事务所	5.35	9.45	566	8	0	147	1992
北京市隆安律师事务所	5.25	8.75	600	15	1	158	1992
北京市汉坤律师事务所	5.1	41.46	123	3	1	11	2005
北京市中银律师事务所	5.1	3.42	1493	26	0	67	1993
北京市泰和泰律师事务所	4.5	9.49	474	9	1	67	2000
北京市环球律师事务所	4.5	18.15	248	3	0	68	1984
北京市德和衡律师事务所	4.1	7.22	568	21	10	235	1993
北京市观韬中茂律师事务所	4	7.27	550	12	2	91	1994
北京市中伦文德律师事务所	3.8	7.08	537	14	7	38	1992
北京市海问律师事务所	3.8	29.23	130	3	0	39	1992
北京市天元律师事务所	3.8	12.42	306	4	0	84	1992
上海市通力律师事务所	3.75	55.97	67	2	1	27	1998
上海市协力律师事务所	3.35	7.08	473	7	4	37	1998
北京市浩天信和律师事务所	3.15	8.25	382	9	1	56	1990
北京市京都律师事务所	3.06	6.64	461	4	0	84	1995

续表

律所名称	总收入(千万/美元)	人均创收(万/美元)	律师人数(人)	国内分所数量(所)	海外分支机构(个)	合伙人数量(人)	成立年份
北京市天达共和律师事务所	3	10.64	282	4	0	82	1993
广东广和律师事务所	2.86	4.75	600	8	4	172	1995
北京市高朋律师事务所	2.45	9.92	247	8	0	62	1998
北京市康信知识产权代理有限责任公司	2.25	13.64	165	2	3	15	1994
北京市安杰律师事务所	2.25	15.85	142	3	0	40	2012
福建天衡联合律师事务所	2.25	9.38	240	5	0	76	1993
北京市世泽律师事务所	1.9	15.57	122	3	3	32	2004
上海市段和段律师事务所	1.85	7.97	232	9	2	32	1993
广东生敬海律师事务所	1.6	21.62	74	8	1	20	1994

后　记

少时作文，常用"荏苒""如梭""似箭"等词来形容时光匆匆，但那多少有点"为赋新词强说愁"的味道，并没有真正体悟到岁月意味着什么。如今而立近半，虽然仍谈不上有什么人生感悟，却真实感受到了时光与岁月的匆忙。一恍惚，已经入职工作5年多了，距离上一本专著（博士毕业论文）的出版也已经3年多了。而这一切，好像就发生在昨日。或许是从未离开过学校的缘故吧，多少有些"与世隔绝"，没有沧海桑田作为参照，所以只有在回首时，才会惊觉时间已经在不经意间溜走这么多了。5年多来，虽然不能说自己一事无成，却也斩获不多。好在这本书能够付梓面世，聊以自慰没有完全虚度光阴。

2015年入职上海对外经贸大学贸易谈判学院（原WTO研究教育学院）时，我面临着一个非常现实的问题，那就是研究方向该往何处去？攻读博士时，我的专业是中国法律史，研究的是清朝法律制度，这与学院的整体定位和发展方向相距甚远，甚至是背道而驰。虽然学院领导从未要求我转变研究领域和方向，但是我自知这是一个实实在在的"生存权"问题，"自觉"和"识趣"一点会比较好。然而，找到一个"既喜欢又擅长"并"兼顾内外"的研究领域，岂是易事？曾经想研究中国贸易史，也曾在好友的建议下尝试过环境法的研究，还曾在同事的推动下研究过老年人权益保护问题，可惜都"始爱终弃"，不了了之。费劲心力写就的两篇论文，也都非常粗浅，拿不上台面。究其原因，要么是真的不喜欢，要么是真的不擅长。在入职初的 1 年多时间里，我常常因为研究领域和方向该往何处去的问题而焦虑不已，夜不能寐。回顾这一段"饥不择食""慌不择路"的时光，除了觉得好笑外，也隐约有些酸楚——学术之路，并不好走。

  2016 年 9 月至 2017 年 5 月，我受上海市律师协会的委托，就中国涉外法律服务市场的准入和监管问题进行系列研究，自此开始关注涉外律师服务这个领域。随着研究工作的开展和需要，我的关注点和兴趣点也从涉外律师服务扩展到整个律师职业。毫无疑问，这种"课题驱动型"的转换研究领域和方向的做法，似乎过于"功利"和"随便"了，并不可取，也必将付出某种代价。在上一本专著的后记中，我曾批评自己在国际法和中国法律史两专业之间"跳来跳去"，最后哪个都没有学好做好。这与其说是一种功利主义的表现，倒不如说是没有想清楚自己要什么，缺乏整体规划和目标追求，这或许又是一种"不功利"。不过，这三四年倒是做到了"始终如一"，一直聚焦于和"律师"相关的主题上，没有再三心二意地旁及其他。当然，关于律师职业、律师服务的既有研究已经很多很成熟了，能否从中再挖掘出一些新的东西出来，确实很考验人。好在经过长期的关注和研究，已经有了一些积累和感悟，能够既喜欢又稍微擅长地继续做下去，不会"旧病复发"。这本书的出版，既是对过往研究的一个小结，也是对今后研究的一个开启。

  前面慨叹时光匆忙，并非是在无病呻吟。从开始关注和研究涉外律师服务这个主题，到现在已经整整 4 年的时间了，期间围绕着它写了近 10 万字的研究报告，提交了几篇决策咨询报告，也在《深圳大学学报（人文社会科学版）》《上海对外经贸

后 记

大学学报》《WTO 经济导刊》《国际商报》等期刊报刊上发表了几篇文章,但是一直没有将它整理成为一部书稿。久拖之下,时过境迁,很多数据都已失效或者找不到了,有些资料也已经忘记存放在哪里了,最后只能费时费力地重新搜集查找。当然,"放一放"也并非没有一点好处,随着新形势、新材料的出现和个人研究积累的增强,先前的一些粗浅判断和不成熟观点会得到修改、调整与补充。总之,当着手整理之前的一些研究成果,准备将它们汇集成册时,才发现自己几近要重写这个主题了。这种懒散和拖沓,或许也可以解释为"不功利"的表现吧。

无论是否重写,这本书能够面世,得益于很多外界的帮助。首先要感谢上海市律师协会的资助,如果不是承担"中国涉外法律服务市场准入问题研究""关于建立律师协会对外国律师事务所驻华代表机构监管机制的研究""'一带一路'建设与上海涉外法律服务业发展研究"等课题项目,我不可能步入涉外律师服务这一研究领域。同时要感谢上海市律师协会的成员,如俞卫锋前会长、吴振光主任等,他们对课题的开展不仅提出了很多建设性的意见和建议,还在研究资料收集、实证调研联络等方面尽可能地提供方便。在写作和出版本书的过程中,我还得到张磊教授、王志强教授、侯健教授、刘思达教授、李学尧教授、程金华教授、周阳教授、徐昕副教授、应品广副教授、郑立军副教授、黄绮副教授、李运杨副研究员、王国飞副教授、冯陆炜老师等师友的指点和帮助,也得到张温文、王心怡、罗琦雯、赵亿、杨思齐等同学的协助,在此一并致谢!

最后要感谢的是我的家人们。无论是我的父母,还是我的太太和岳父母,他们对我这种整日枯坐书斋、码字为生的工作,从来都是百分之百地支持,没有表现过不满和情绪。当我步履艰辛时，他们最先关心我是否走累了，递来一个凳子，端上一杯热茶；当我困顿迷茫时，他们在自己的能力范围内，尽最大的努力为我解忧；当我烦躁失落时，他们默默倾听、慢慢开导，化解我的负面情绪。在此，向你们道一声最真挚的"感谢"！

杨立民
2020 年 9 月 20 日